6754

ÈQUE
...cré-Coeur
... opérative
...ue Belvédère
Sherbrooke, Qué
J1H 4A7

Illustration : Francine Auger.

Louis Jolliet, 1645-1700.

Louis Jolliet

Véronique Larin

Véronique Larin est née à Montréal en 1973. Diplômée de l'UQAM, elle séjourne en France et obtient une maîtrise en lettres à l'Université Montpellier-III, puis un D.E.A. à la Sorbonne. Elle poursuit à la même université des études doctorales en littérature comparée. Rédactrice et journaliste dans différents milieux de la télévision et de l'édition, elle signe à présent les rubriques du site Internet *Nouvelle-Fr@nce*. *Louis Jolliet* est son premier récit biographique.

La collection
LES GRANDES FIGURES
est dirigée par
Xavier Gélinas

Le comité éditorial est composé de
Pierre Angrignon
André Vanasse

Dans la même collection

Louis Jolliet

La publication de cet ouvrage a été rendue possible grâce à l'aide financière du ministère du Patrimoine canadien par l'entremise du Programme d'aide au développement de l'industrie à l'édition (PADIÉ), du Conseil des Arts du Canada (CAC), du ministère de la Culture et des Communications du Québec (MCCQ) et de la Société de développement des entreprises culturelles (SODEC).

© 2002
XYZ éditeur
1781, rue Saint-Hubert
Montréal (Québec)
H2L 3Z1
Téléphone : 514.525.21.70
Télécopieur : 514.525.75.37
Courriel : xyzed@mlink.net
Site Internet : www.xyzedit.com

et

Véronique Larin

Dépôt légal : 2e trimestre 2002
Bibliothèque nationale du Canada
Bibliothèque nationale du Québec
ISBN 2-89261-335-3

Distribution en librairie :
Au Canada :   En Europe :
Dimedia inc.   D.E.Q.
539, boulevard Lebeau   30, rue Gay-Lussac
Ville Saint-Laurent (Québec)   75005 Paris, France
H4N 1S2   Téléphone : 1.43.54.49.02
Téléphone : 514.336.39.41   Télécopieur : 1.43.54.39.15
Télécopieur : 514.331.39.16   Courriel : liquebec@noos.fr
Courriel : general@dimedia.qc.ca

Conception typographique et montage : Édiscript enr.
Maquette de la couverture : Zirval Design
Illustration de la couverture : Francine Auger
Recherche iconographique : Anne-Marie Sicotte et Jean-François Palomino

JOLLIET

Louis

 LE SÉMINARISTE DEVENU EXPLORATEUR

BIBLIOTHÈQUE
Collège du Sacré-Coeur
Association coopérative
155 Nord, Rue Belvedère
Sherbrooke, Qué
J1H 4A7

 éditeur

Remerciements

Je tiens à remercier Jean-François Palomino pour la recherche bibliographique et les judicieux conseils qu'il m'a donnés tout au long de la rédaction de ce récit biographique.

Note de l'auteure

La plupart des documents relatifs à Louis Jolliet ont été détruits ou égarés. Quelques-uns de ses écrits ont pu toutefois traverser les âges ; ils m'ont permis de mieux connaître le personnage et d'accéder à différents épisodes de sa vie. Certains chapitres ont été rédigés selon des informations fournies par Louis Jolliet lui-même, d'autres ont été construits à partir de récits de gens proches de lui, comme le père Jacques Marquette. Il reste cependant des zones d'ombre. Les années qui précèdent le voyage au Mississippi en font partie : nous savons que Louis Jolliet a été dans l'Ouest entre 1668 et 1671, mais quelles furent les circonstances exactes de son expédition ? Dans ce cas, par exemple, impossible de le savoir avec certitude. J'ai donc dû imaginer, pour le chapitre 2 et quelques autres passages, ce que l'histoire nous cache si bien.

Plan original à la Bibliothèque Nationale de France. Copie photographique aux ANQ-Québec, E67/68/0021.

Vue à vol d'oiseau montrant le Saint-Laurent et la ville de Québec en 1664.
Dessin attribué à Jean Bourdon.

1

Le grand départ

D'un pas lent, presque solennel, Louis se dirige vers le clocher qui domine Québec. L'après-midi s'achève et il sent la nostalgie monter en lui. Ce matin, il était heureux, fébrile à l'idée de partir; maintenant, son cœur se serre. Comment peut-il quitter sa terre, tourner le dos à ses grandes étendues?

D'un coup d'épaule, il pousse la lourde porte de chêne et pénètre dans l'église de l'Immaculée Conception de Notre-Dame. Il a peine à imaginer que demain il ne viendra pas se recueillir ici, dans son lieu sacré. Il écoute… Tout est si calme, si silencieux. Il n'entend que le bruit de sa propre respiration et l'écho de ses pas qui martèlent le sol. Il s'engage dans l'allée centrale, avance vers le chœur et s'assied sur un banc, face à la statue de la Vierge.

Il regarde autour de lui... Personne. Il est seul dans ce grand temple de pierres, au milieu de lambris dorés, de tableaux bibliques et de riches ornements. Les fidèles sont rentrés chez eux en laissant des lampions emporter leurs prières vers les cieux. Les quelques bougies allumées projettent des ombres vacillantes sur les murs. Louis se retourne et reste un moment songeur, à contempler l'orgue au-dessus du portail.

Comment oublier le jour où Mgr de Laval a rapporté cet instrument de France ? La nouvelle avait fait tellement de bruit dans la colonie. Louis n'avait jamais vu d'orgue et il flânait près de l'église dans le seul but d'épier les travaux. Une fois l'assemblage des pièces terminé, il avait été ébahi. Il se trouvait devant une immense boîte à musique, plus grande que tout ce qu'il avait pu imaginer. Mais ce n'est qu'en entendant la première note qu'il avait été réellement émerveillé. Le son était si puissant, si majestueux ! Il comprenait pourquoi un tel instrument avait été mis au service de Dieu.

Mgr de Laval, quant à lui, était ravi : « Nous pourrons enfin honorer Dieu convenablement », ne cessait-il de répéter. Il était même venu rendre visite aux séminaristes afin de savoir qui désirait apprendre à jouer de l'orgue. Louis avait levé la main sans hésiter et s'était découvert une véritable passion pour la musique.

Tous les jeudis, il attendait impatiemment l'heure de sa leçon. Il adorait faire danser ses doigts sur les touches de bois. Il fermait les yeux, se laissait porter par le rythme, envahir par la mélodie et, pendant un court instant, il ne savait plus trop où il était. Le monde disparaissait et plus rien, à part le chant des notes, n'avait d'importance.

Le professeur Boutet était enchanté des progrès fulgurants de Louis, qui était sans aucun doute le plus doué de ses élèves. Aussi lui avait-il demandé d'être organiste à la messe de Noël. Cette proposition l'avait flatté autant qu'inquiété. Il jouait depuis seulement un an et il lui restait beaucoup à apprendre, mais... comment refuser?

C'est donc le 24 décembre 1664 qu'il révéla ses talents au public. Il se rappelle encore bien cette soirée. L'église était pleine à craquer. Nombreux étaient ceux qui avaient boudé leur paroisse, bravé le froid et fait un long chemin pour venir à Québec voir et entendre l'orgue. Au moins cinq cents personnes s'étaient massées là. Les mieux nantis avaient loué des places aux premiers rangs tandis que les autres s'entassaient sur les bancs ou restaient debout.

Installé derrière son clavier, Louis observait la scène. Les fidèles arrivaient en groupe et, bien que cette église fût plus chaude que les autres, peu se risquaient à retirer leur capot. Il y avait toujours des têtes tournées vers lui, qui le considéraient d'un air curieux et admiraient l'instrument en chuchotant à l'oreille du voisin. Bientôt, les bourdonnements envahirent la salle.

Puis les murmures se turent. Le curé de Bernières venait de faire son entrée et les visages se dirigèrent vers l'autel. Louis était anxieux. Allait-il être à la hauteur? Il respira profondément, ferma les yeux, appuya nerveusement sur la première touche, sur la deuxième, et prit de l'assurance. Il sentit que l'émotion grandissait, que des centaines de gens vibraient avec lui à la gloire de Dieu.

Quelle messe exceptionnelle! Jamais Louis n'avait assisté à une cérémonie à ce point parfaite. Il est sûr qu'elle aurait été digne de celles célébrées en France si on avait pu sonner les cloches, mais on s'en était abstenu de peur que le clocher, abîmé par la neige, ne s'effondre.

∽

Louis soupire. Comme il était fier à cette époque de porter la soutane! Certes, les conditions de vie au séminaire n'étaient pas des plus faciles: il se levait tous les matins à quatre heures, mangeait très peu, étudiait, méditait et priait plusieurs fois par jour, mais qu'importe! Il avait fait son choix. Il avait décidé de renoncer à la vie matérielle pour se consacrer uniquement au salut de l'âme.

Quand il reçut les ordres mineurs en 1662, il était convaincu de faire le premier pas vers une longue communion avec Dieu. Il était âgé de dix-sept ans et, lors de la cérémonie, il avait eu l'impression de devenir adulte. Il aurait souhaité que son frère Adrien soit là, mais le règlement du séminaire ne tolérait aucun visiteur. Louis appréciait la solitude et pourtant sa famille lui manquait. Lorsqu'il était au collège des Jésuites, il allait rejoindre les siens à l'île d'Orléans pour les vacances d'été. Il adorait être en compagnie de Marie et de Zacharie, mais c'est avec l'aîné, Adrien, qu'il s'amusait le plus.

Louis et Adrien aimaient parcourir le fleuve en canot en se prenant pour deux explorateurs. L'un devenait Champlain, l'autre Brûlé, et ensemble ils partaient à la découverte de terres inconnues. Lors de ces expéditions, Adrien apprenait à Louis les rudiments de la chasse et de la pêche. Il lui montrait également à reconnaître les empreintes des animaux, à s'orienter selon la position du soleil et, au fil des étés, Louis découvrait toujours un peu plus les contrées qui bordaient le Saint-Laurent.

Adrien ne restait jamais en place. Il se portait constamment volontaire pour accompagner les jésuites jusqu'aux bourgs éloignés du Cap-de-la-Madeleine et de Trois-Rivières. Louis l'enviait. Lui aussi aurait voulu partir, voir de nouveaux paysages et, à la tombée du jour, s'asseoir au coin du feu pour écouter les Hurons raconter de vieilles légendes. Mais les pères ne voulaient pas l'emmener avec eux. Ils prétendaient qu'un tel voyage était trop dangereux pour un si jeune garçon. « Nous sommes en guerre, disaient-ils, et les Iroquois n'ont aucune pitié pour leurs ennemis. Rappelez-vous ce qu'ils ont fait à Jean de Brébeuf. Après lui avoir versé de l'eau bouillante sur la tête, ils lui ont coupé les lèvres, brûlé le corps et arraché le cœur. » Loin d'effrayer Louis, les dangers d'une expédition le fascinaient et éveillaient en lui des rêves d'héroïsme.

Mais le 17 juin 1658, il se heurta à une dure réalité. Des hommes venus de Montréal rapportèrent que les Iroquois avaient pris en otage trois Français, dont Adrien Jolliet. Louis était atterré. Cette nouvelle lui paraissait insensée, trop affreuse pour être vraie... Il ne pouvait s'empêcher d'imaginer le pire. Il songeait aux yeux brûlés du père Gabriel Lalemant, aux charbons ardents qu'on avait mis dans ses orbites, aux doigts coupés du père Bressani et aux épouvantables histoires de torture qu'il avait entendues ici et là. Peu de Français revenaient vivants d'un séjour chez les Iroquois. Qu'adviendrait-il d'Adrien ?

Louis invoque la Vierge avec la même ferveur qu'il y a neuf ans. Il avait alors été exaucé : son frère était revenu amaigri, vieilli et portant des traces de brûlures sur le corps, mais quelle joie de le voir là, devant lui, en chair et en os ! Et maintenant, la Vierge entendra-t-elle encore ses prières ? Le protégera-t-elle au cours du long voyage qu'il s'apprête à faire ?

Louis allume un cierge. Il regarde la flamme danser et pense à ses projets. Dans quelques mois, il sera en France où il apprendra la cartographie et la navigation. Qui sait ce qui l'attend dans la métropole... Sera-t-il convié à la cour ? Entreverra-t-il le roi ? Rencontrera-t-il Colbert, le responsable des colonies dont il a tant entendu parler ? Il a l'impression que tout est possible, qu'un avenir flamboyant s'ouvre devant lui. Il rêve de gloire et d'aventures. Il veut voyager, découvrir le monde, et déjà sa nouvelle vie se profile à l'horizon.

∞

Avant de franchir la porte, Louis respire une dernière fois l'odeur d'humidité, de cire et d'encens dont est imprégnée l'église. Dehors, la brise d'octobre fait voltiger les feuilles. En s'engageant dans le chemin qui mène à la basse ville de Québec, il rencontre Pierre de Francheville, son plus vieil ami :

— Ah Louis, te voilà ! Mais où étais-tu donc passé ? Je t'ai cherché partout... Je voulais absolument te voir avant ton départ. J'ai entendu dire que tu avais définitivement renoncé à la prêtrise.

— C'est juste. J'ai annoncé ma décision à Mgr de Laval il y a deux jours.

— Et consent-il toujours à financer ton voyage ? Que t'a-t-il dit ?

— Il était déçu. Il croyait que j'étais promis à une brillante carrière ecclésiastique et fondait énormément d'espoirs sur moi... Mais, continue-t-il en réprimant un sourire, il reste persuadé qu'un séjour en France me fera le plus grand bien, que j'y apprendrai beaucoup et qu'à mon retour, mon savoir sera fort bénéfique à la colonie. « La Nouvelle-France, m'a-t-il expliqué, a un urgent besoin de jeunes hommes instruits, qu'ils soient prêtres ou non. »

— Tout se déroulera donc comme prévu ?

— Oui, répond Louis en essayant de contenir sa joie. Demain, je m'embarque sur l'océan en direction de notre terre ancestrale.

— Louis, c'est merveilleux ! Depuis le temps que tu rêves de fouler le sol de France.

En empruntant l'escalier vers la basse ville, chacun puise dans son imagination et dans les souvenirs des récits de voyageurs pour décrire Paris : Notre-Dame, la Sainte-Chapelle, le Louvre...

— N'oublie pas qu'à ton retour tu devras m'informer dans les moindres détails de ce que tu as vu.

— Bien sûr, réplique Louis en s'appuyant sur la rampe pour laisser passer un berger qui, malgré l'interdiction et la menace du fouet, fait monter son troupeau par l'escalier. Tu seras le premier à tout savoir de mon voyage.

Les deux amis restent un moment silencieux. Louis observe les moutons qui se suivent à la queue leu leu et soupire. Comme s'il devinait ses pensées, Pierre lui demande :

— Ton esprit rebelle et aventureux n'a jamais pu se plier à la discipline du séminaire, n'est-ce pas ?

— J'ai longtemps essayé de dompter cette envie de partir et d'explorer pour me vouer entièrement au Seigneur, explique Louis en recommençant à descendre les marches, mais j'ai fini par comprendre que je n'ai pas la vocation. Dieu ne m'a pas choisi pour le représenter.

— Et pourtant... J'ai toujours cru que tu ferais un excellent prêtre. Tu excellais en tout : théologie, mathématiques, latin. Rien ne te résistait. Je t'ai même jalousé à certains moments...

— Toi, mon meilleur ami ! Tu as été jaloux de moi ? s'exclame Louis en riant.

— Souviens-toi, soupire Pierre, quand nous avons soutenu notre thèse de philosophie. Les personnes les plus imposantes de la colonie étaient réunies pour nous écouter : le marquis de Tracy, le gouverneur de Courcelle, l'intendant Talon, Mgr de Laval, l'abbé de Bernières, et j'en passe. Alors que toi, tu t'exprimais avec une parfaite aisance, moi, j'étais intimidé et je bafouillais.

En effet, Louis se rappelle ce jour où chacun devait prouver à l'assemblée que sa thèse était la plus pertinente. La dispute entre les deux séminaristes avait duré des heures. Des heures qui, pour Pierre, avaient été un véritable cauchemar. La présence de gens de haute importance le perturbait. Il était paralysé et ne trouvait pas les mots pour répliquer aux assauts de Louis.

— C'est toi, continue Pierre, qui as récolté les honneurs. Tu les as subjugués par la clarté et la logique de ton discours...

— Mais, l'interrompt Louis, tu as très bien répondu aux questions de M. l'intendant.

— Jean Talon ne m'a posé que deux questions, Louis. C'est avec toi qu'il a discuté pendant plus d'une heure. Crois-tu qu'on t'aurait envoyé étudier la cartographie et la navigation en France si tu n'avais pas réussi à te faire remarquer par l'exactitude et la promptitude de tes propos ? Ce jour-là, que le Seigneur me pardonne, dit-il en faisant le signe de la croix, je t'ai détesté.

— Tu n'as rien à m'envier, Pierre. Tu as de merveilleuses qualités et, surtout, tu as le privilège d'avoir été choisi par Dieu pour transmettre sa parole.

Absorbé par les aveux de son ami, Louis ne s'est pas aperçu qu'il est déjà au pied du promontoire. Les rires des enfants, les cris des marchands, les aboiements des chiens le ramènent à la réalité. Il adore se balader dans la basse ville, se mêler à la foule, longer le fleuve jusqu'au port et s'arrêter pour regarder, rêveur, les bateaux qui vont et qui viennent. Il trouve la haute ville, habitée par les fonctionnaires et le clergé, ennuyante et austère.

— J'aime beaucoup venir ici et sentir le monde vivre autour de moi. C'est dommage que les alentours du séminaire ne soient pas aussi animés, reprend Louis en s'engageant dans une petite rue boueuse.

— Il y a trop de bruit par ici. Moi, je préfère la tranquillité de la haute ville, plus propice à la méditation.

— Tu feras un bien meilleur prêtre que moi, dit Louis en riant. J'ignore comment tu peux te soumettre à tant de méditations et de mortifications.

— Les hommes doivent souffrir pour laver leur âme de ses péchés.

Gêné par cette remarque, Louis se frotte le menton et fait mine d'admirer les nouvelles maisons de pierres noires, basses et étroites, qui bordent la rue de la Canoterie. Lorsqu'il était au séminaire, il n'arrivait pas à se flageller ni à porter longtemps un cilice.

— Je n'ai jamais pu faire subir à mon corps ces tortures qu'on nous recommandait. Peut-être est-ce par manque de foi ?

— Tu sais bien que ce n'est pas donné à tous de pouvoir faire abstraction de son corps. Dieu a sagement choisi ceux qui livreront son message, et toi, tu as une autre destinée.

«Oui... Le Seigneur me réserve une autre destinée», pense Louis en lui-même.

Les deux jeunes hommes se dirigent vers le port, passent devant la cordonnerie *Au bien chaussé*, puis devant l'auberge *Aux trois pigeons*. Le soleil se couche et le fleuve se colore de teintes rose orangé. Louis est heureux d'avoir troqué la robe noire contre une chemise, un gilet, un haut-de-chausses de cuir brun, de longs bas de laine blancs, des mocassins et l'indispensable capot gris à capuchon. Certes, il porte encore la couronne de cheveux sur le dessus de la tête, mais les marques de la tonsure auront disparu à son retour.

— Regarde, lance Louis en pointant le doigt vers un navire qui mouille en rade, c'est le *Sainte-Anne* ! C'est lui qui m'emportera vers ma nouvelle vie.

Bibliothèque nationale du Québec, Gravures Massicotte 38-8.

Voyageurs effectuant un portage.

2

Les mines de cuivre

Après une année passée dans la métropole, Louis ne mesure pas la joie qu'il éprouve d'être enfin revenu à sa terre natale. Il a beaucoup appris lors de son séjour en France. Les maîtres les plus illustres lui ont enseigné l'art de cartographier et de naviguer, mais il lui tardait de rentrer, de retrouver sa ville, son fleuve, ses balades en canot et ses escapades en forêt.

Paris, bien sûr, est magnifique. Louis ne peut contester la splendeur de ses monuments, la somptuosité de ses palais et l'élégance des aristocrates. En flânant aux abords du Louvre, il a été impressionné par la puissance de Louis XIV. Jamais il n'aurait cru qu'un homme, bien qu'il fût roi, pût s'entourer d'autant de luxe et d'abondance. L'architecture, les sculptures, les jardins, les fontaines…, tout respirait art et richesse. Même les dames, parées de leurs plus beaux atours, bougeaient avec une grâce qui lui était inconnue.

Mais Louis s'est vite lassé de ces artifices. Le plus souvent, il errait dans un dédale de rues étroites, sales et boueuses. Les eaux usées formaient un sillon au milieu de la voie, d'où se dégageait une odeur fétide. Pires encore étaient les exhalaisons des égouts et du cimetière des Innocents, situé au beau milieu de la ville. Les rats étaient nombreux à infester les maisons, les églises et même les places publiques. Où qu'il allât, Louis avait l'impression d'être prisonnier d'un labyrinthe gigantesque. Les maisons s'empilaient les unes sur les autres et jamais il ne voyait au loin poindre l'horizon.

Chaque jour, il s'ennuyait un peu plus de la Nouvelle-France, de l'odeur des pins et de la sève, du crissement de la neige sous ses pas, du chant des cigales les soirs d'été. L'air frais et vivifiant du Saint-Laurent lui manquait. Il avait tenté de se promener le long de la Seine, mais les fosses d'aisances s'y déversaient et la puanteur lui était insupportable. Paris le prenait à la gorge, l'étouffait littéralement.

Adrien fait une moue dégoûtée en écoutant son jeune frère raconter son voyage. En cette belle journée d'octobre 1668, tous deux sont à l'auberge *Aux trois pigeons*, attablés devant un verre d'eau-de-vie. Louis n'aime pas tellement cette auberge dont les fenêtres laissent à peine percer les rayons du soleil et dont les murs blanchis à la chaux semblent imprégnés d'alcool, de rixes et de débauche.

— Tes cheveux ont bien poussé en un an, remarque Adrien en regardant sa tignasse brune et légèrement bouclée, attachée en queue de cheval.

Il boit un peu, se racle la gorge et enchaîne :

— Est-ce que tu as des projets pour le printemps ?

— Je ne sais trop, répond Louis, le regard plongé dans son verre. Je suis rentré à Québec depuis bientôt deux mois et…

Louis avait secrètement espéré être appelé par le gouverneur de Courcelle pour accompagner quelques explorateurs en mission. On racontait que Cavelier de La Salle voulait se rendre dans la région du lac Ontario ; il était persuadé que là-bas, il trouverait une rivière qui le mènerait jusqu'en Chine. Louis avait ardemment souhaité qu'on lui demande de se joindre à la troupe. N'était-ce pas pour cartographier des terres inconnues qu'on l'avait envoyé étudier en Europe ? Hélas, ceux qui partaient ne songeaient guère à employer un jeune homme inexpérimenté, fraîchement sorti du séminaire.

Adrien avance un peu le buste au-dessus de la table, fait signe à son frère de s'approcher puis lui chuchote à l'oreille :

— As-tu déjà entendu parler des mines de cuivre qui se trouvent à l'ouest, aux environs du lac Supérieur ?

— Du cuivre à l'ouest ! s'exclame Louis à voix basse.

— Oui… Apparemment, il y aurait d'importants gisements…

Louis est sceptique. Il pose son coude sur la table de pin, appuie son menton dans le creux de sa main et fixe Adrien, décidé à en savoir davantage.

— D'où tiens-tu ces renseignements?

— Le père Allouez a rapporté un échantillon très pur de son dernier voyage aux Pays d'en haut.

Adrien repousse ses cheveux vers l'arrière et, avant de poursuivre, regarde à gauche et à droite, comme pour s'assurer que personne ne l'écoute.

— L'an dernier, peu avant ton départ pour la France, le père Allouez est allé chez l'intendant Talon pour lui montrer sa trouvaille. Il lui a assuré que ce morceau de cuivre venait d'une roche que l'on trouve fréquemment au lac Supérieur et il a su le convaincre que ces terres recèlent des trésors inestimables…

— Des trésors avec un simple morceau de cuivre… fait Louis en haussant les épaules.

— Cesse d'être si méfiant, coupe Adrien. Les Indiens de cette région ont une quantité incroyable d'objets et d'ornements de cuivre. Il est clair qu'ils connaissent un endroit où s'approvisionner. Le père Allouez les a interrogés et ils ont vaguement parlé d'une grotte un peu plus au nord… Mais, ajoute-il en se frottant les mains, venons-en au fait… Jean Talon a donné mille livres à Jean Péré et m'en a donné quatre cents pour aller reconnaître ce gisement.

— C'est donc sérieux? Vous partez en mission! dit Louis, admiratif.

— Oui… Seulement, un cartographe nous serait fort utile, car au retour nous devons trouver un raccourci pour rapporter le butin.

— Tu crois qu'il existe un autre chemin que la rivière des Outaouais entre Québec et le lac Supérieur?

— Les Indiens auraient confié au père Allouez que, par le sud, un passage permet d'atteindre Québec en moins de temps... On raconte même qu'Étienne Brûlé en aurait eu connaissance avant de se faire assassiner par les Hurons... Mais je n'en sais guère plus.

Adrien soupire, porte le verre à ses lèvres et le repose brusquement, comme s'il avait oublié de dire quelque chose d'essentiel à son frère :

— C'est pourquoi j'ai besoin de quelqu'un qui connaisse la géographie du pays... Et je sais que tu as de bonnes notions d'hydrographie... De plus, tu es mon frère... J'ai confiance en toi...

Le visage de Louis s'illumine tout d'un coup. Adrien lui a-t-il bien demandé de l'accompagner ? Est-ce possible que ses rêves se concrétisent enfin ? Sa première mission... Il entrevoit déjà un avenir flamboyant et ses idées se bousculent, ses émotions aussi. Pendant un bref instant, il a l'impression qu'Adrien et lui sont encore des enfants qui s'apprêtent à jouer aux explorateurs. Mais cette fois... Cette fois, ils partiront pour de vrai.

∽

Commencé à Québec au mois d'avril 1669, le voyage jusqu'au lac Supérieur s'est avéré plus difficile que ce que Louis imaginait. Entre la navigation à contre-courant, les nombreux portages et le bourdonnement incessant des insectes au-dessus de sa tête, il n'a pas eu de répit. Depuis plus de deux mois, il trépigne d'impatience en songeant aux trésors qu'il va découvrir et il se plaît à imaginer qu'à son retour on prononcera son nom jusqu'en France.

Malgré des conditions climatiques parfois rudes, Adrien et Louis ont toujours ramé avec ardeur. S'ils avaient été seuls, ils auraient sans doute atteint leur but en un temps record, mais ils étaient sous les ordres de Jean Péré et la flotte de quatre canots devait se soumettre à la cadence qu'il lui dictait. Dès la deuxième semaine, Adrien avait regretté de ne pas avoir monté sa propre expédition. «Péré, maugréait-il entre ses dents, nous ralentit. Il ne pense qu'à marchander avec les Sauvages et ne se soucie guère du véritable but de la mission.»

On aurait dit qu'Adrien s'était lancé dans cette aventure avec la rage du désespoir. Il s'accrochait à la mission comme si sa vie en dépendait. Les mines étaient devenues pour lui une véritable obsession. Sitôt débarqué, il était prêt à repartir. Il avait une énergie sans pareille, cherchant les Indiens et les interrogeant avec insistance. Son entrain était contagieux et, sans lui, la troupe aurait vite oublié son objectif initial pour s'adonner uniquement au commerce.

Le soleil de juin miroite sur l'eau. Tout est calme, immobile, pas une seule ride sur le lac. L'air est lourd, surchargé d'humidité, et Louis a du mal à tenir sa pagaie tellement ses mains sont moites. Il observe son frère qui rame dans le canot d'à côté et il a l'impression de le voir pour la première fois. Sa figure, son corps se sont transformés. Lui qui a toujours été vigoureux et costaud apparaît épuisé, amaigri. Ses joues se sont creusées, ses cernes sont accentués et l'on sent la douleur tapie derrière son sourire.

Louis ne l'a pas quitté depuis plus de deux mois et, pourtant, il ne le reconnaît pas. La métamorphose a été lente et subtile, comme si une bête sournoise s'était introduite en lui et le rongeait de l'intérieur. Son teint hâlé ne réussit plus à masquer la lividité de sa peau et la sueur qui perle sur son visage semble avoir des accents d'acidité.

Louis s'inquiète un peu... Adrien n'est plus le même. Son attitude aussi a changé. Lui, jadis discret et réservé, prend maintenant des allures de chef, ce que Péré n'apprécie guère. Il n'y a eu jusqu'ici aucune dispute, mais la tension monte et chacun redoute le pire.

Louis réfléchit... Depuis quand Adrien est-il dans cet état ? Hum... son frère toussait beaucoup ces derniers temps. Mais, croyant qu'il s'agissait d'un simple rhume, Louis ne s'en est pas soucié. Par contre, il se rappelle une nuit, il y a environ un mois, où il avait entendu des gémissements près de la rivière. Il était allé voir et il avait trouvé Adrien fiévreux et délirant. Il l'avait veillé jusqu'à l'aube. Le lendemain, tout semblait rentré dans l'ordre. Était-ce la première fois qu'Adrien était malade ?

☙

Voilà déjà une semaine que l'expédition s'est installée chez les Outchibous et, ce soir, Péré a réuni son groupe autour du feu. Avant de prendre la parole, il ingurgite à la hâte une soupe de maïs et de lièvre que les Indiennes du village ont préparée. Puis il s'essuie la bouche avec la manche de sa chemise et, d'un claquement de mains, fait signe aux autres de se taire.

— Messieurs ! La traite ici a été très fructueuse. Aussi, il est temps de poursuivre notre route. Un peu plus à l'ouest, nous rencontrerons la tribu des Nopé-mingues… C'est là que nous échangerons le reste de notre marchandise. Préparez-vous, car nous partirons demain, dès les premières lueurs du jour.

— C'est inacceptable! s'écrie Adrien en se levant d'un bond de la pierre sur laquelle il était assis. Vous savez très bien, sieur Péré, qu'il n'y a pas de cuivre dans cette direction!

En effet, Péré savait qu'il n'avait aucune chance de tomber sur des mines en allant vers l'ouest. Adrien, après avoir interrogé les Indiens des environs, l'avait informé que le cuivre se trouvait non pas à l'ouest mais au sud.

— Bah! fait Péré d'un air désinvolte. Qui parle de cuivre? Personne! Ici, nous parlons commerce.

— Monsieur, vous oubliez que nous sommes venus sur les ordres de l'intendant pour reconnaître les mines, non pour marchander.

— Ne dépensez pas votre énergie, cher Jolliet, à chercher des chimères. Vous serez surpris de voir qu'un peu plus à l'ouest les peaux de castor sont d'excellente qualité.

Cela dit, il prend sa gourde, avale une bonne rasade d'eau-de-vie et esquisse un large sourire qui laisse voir, perdue au milieu d'une dentition pourrie, une canine en or.

— Venez avec nous, reprend-il en tendant la gourde à Adrien, et vous ne le regretterez pas. Ces peaux de castor valent leur pesant d'or à Québec.

— Jamais! s'insurge Adrien en donnant un coup sur le flacon que lui présente Péré. Vous saurez, monsieur, que je n'ai qu'une parole.

Devant cet affront, Péré serre les poings et fixe Adrien droit dans les yeux. Louis, qui jusque-là a assisté à la scène sans broncher, s'avance vers son frère, qui tremble de colère, et tente de le calmer.

— Laisse-moi régler cette affaire, grogne Adrien sans cesser de dévisager son ennemi.

Louis recule de quelques pas, mais reste prêt à intervenir. Il sait que son frère, bien qu'il tente par tous les moyens de le lui cacher, est très malade et que, si la bagarre dégénère, il ne pourra résister longtemps à son adversaire.

— Attention, Adrien ! Attention ! crie Jacques Maugras en voyant Péré dégainer son couteau.

Aussitôt, Louis tire son couteau et se plante devant Péré.

— Ne te mêle pas de cette histoire ! lui ordonne Adrien.

— Ôte-toi de mon chemin, petit morveux, ou gare à toi ! gronde Péré en brandissant son arme.

— Je ne cherche pas à me battre ! clame Louis. Écoutez-moi ! J'ai une proposition à vous faire.

— Débarrasse-toi d'abord de ton couteau !

— Méfie-toi, Louis ! C'est une astuce ! s'écrie Adrien.

Mais il est déjà trop tard. Louis a jeté son arme et Péré, fou de rage, se dirige vers lui.

— Que veux-tu ? Parle.

— Je... je propose, bredouille Louis intimidé par la lame posée sur sa gorge, que le groupe se divise. Une moitié embarquera dans deux canots et partira avec vous vers l'ouest tandis que l'autre ira avec Adrien vers le sud.

— Hum… Ce n'est pas une mauvaise idée, conclut Péré en rangeant l'arme dans son étui.

Tandis qu'il s'éloigne en grommelant et en fusillant Adrien du regard, Louis pousse un soupir de soulagement. Il craignait que la dispute ne se termine par un bain de sang.

— Nous l'avons échappé belle ! N'est-ce pas ? dit-il en donnant une tape dans le dos de son frère.

— Oui… Nous sommes enfin débarrassés de ce gros barbu.

∞

Le lendemain, à l'aube, Louis s'aperçoit qu'il n'y a que deux canots sur la berge. Est-il possible que Péré se soit sauvé en pleine nuit ? D'un pas rapide, il descend au bord de l'eau et se rend compte avec stupeur que la moitié des peaux de castor qu'Adrien et lui avaient amassées a disparu. « Le scélérat, fulmine-t-il, il nous a volés ! » Croyant qu'il n'est pas trop tard pour le rattraper et pour récupérer les fourrures, il court avertir son frère.

Il le trouve couché sur une peau d'orignal étendue à même le sol. Une Indienne agenouillée à ses côtés lui administre une infusion d'aiguilles de sapin pour faire tomber la fièvre. Louis s'assied à son chevet, lui prend la main et la presse très fort dans la sienne. À ce contact, Adrien lève la tête et le regarde ; ses yeux sont vitreux, son visage blême et crispé. Un filet de sang lui sort de la bouche et coule le long de son menton. Il articule avec peine :

— Tu te rappelles ce prisonnier iroquois que j'ai interrogé il y a deux jours…

— Oui…, répond Louis, la voix remplie d'émotion.

— Ce prisonnier est le seul qui consent à nous guider jusqu'à la mine de cuivre… Les gens d'ici refusent de nous montrer le chemin, car ils craignent la colère de leurs dieux…

Après une quinte de toux, il reprend son souffle et poursuit d'une voix de plus en plus faible :

— Ce prisonnier… Je veux l'avoir… À n'importe quel prix… Échange-le contre un fusil…

Louis acquiesce à la demande de son frère et, de peur de le contrarier, préfère ne rien dire à propos du vol des fourrures.

— Aujourd'hui, continue Adrien haletant, je vais me reposer, et demain… Demain, tu verras, j'irai beaucoup mieux.

Adrien a vu juste. Après une bonne nuit de sommeil, il est sur pied, prêt à partir. Il sait que Louis ne croit guère à une véritable guérison. Aussi, il s'efforce d'apaiser les soupçons en prenant un air détendu et enjoué : « Les breuvages indiens font des merveilles, se plaît-il à répéter, je suis au meilleur de ma forme. » Et lorsqu'on l'interroge sur la nature de ses maux, il répond d'un ton énigmatique :

— C'est l'eau… J'ai bu de l'eau ensorcelée.

∽

Il a fallu une semaine pour atteindre le Sault-Sainte-Marie, une mission fondée par les Jésuites. L'équipe a convenu d'y rester deux ou trois jours, puis de poursuivre sa route vers le sud, jusqu'au lac des

Illinois [1]. C'est là, a expliqué l'Iroquois, qu'il y a le plus de cuivre. Adrien est enchanté de ces nouvelles révélations, mais Louis est sceptique ; il a l'impression que ce prisonnier ignore l'emplacement des mines et qu'il a tout inventé pour se faire acheter par Adrien.

Louis espère que cette halte permettra à son frère de reprendre des forces car, en s'évertuant à ramer au même rythme que les autres, il a aggravé son état. Il respire avec difficulté et il a une toux de plus en plus rauque. Chacun essaie tour à tour de déterminer ce dont il souffre. Jacques Maugras est certain de son diagnostic :

— Mon père a eu le même mal… Après lui avoir fait une saignée, le médecin l'a guéri avec un sirop de sucre d'érable et d'excréments de mouton.

Mais Pierre Moreau, lui, est formel :

— Il n'y a qu'un remède contre la consomption : boire de l'urine de vache noire.

Quoi qu'il en soit, Adrien est très faible. Ses poussées de fièvre sont de plus en plus fréquentes et il ne peut continuer le voyage. Il accepte de retourner se faire soigner à Québec à une seule condition :

— Promets-moi, dit-il à Louis, que tu ne cesseras pas les recherches pour faire uniquement du commerce avec les Sauvages comme l'a fait ce diable de Péré.

— Je te le promets devant Dieu.

— Tu es désormais le chef de l'expédition, déclare-t-il en posant sa main gauche sur la tête de Louis.

Par ce geste solennel, Louis a le sentiment qu'Adrien lui lègue plus que son pouvoir. C'est comme

1. Appelé aujourd'hui lac Michigan.

s'il lui transmettait, au delà de ses désirs, une part de sa vie. Louis est touché par cette marque de confiance et c'est le cœur gros qu'il regarde son frère monter dans le canot avec l'Iroquois. Il aurait préféré le raccompagner lui-même, mais c'est ici, au milieu des bois, qu'il doit accomplir sa mission.

— Ne t'en fais pas, petit frère... L'Iroquois connaît un autre chemin pour Montréal... Toi, tu trouves les mines et moi, le raccourci. Tu verras... Il faut y croire... Aie confiance, Louis... Aie confiance!

Sur ces mots, Adrien, suivi de l'Iroquois, commence à pagayer. L'embarcation s'éloigne, puis disparaît. Louis s'attarde un peu sur la berge. Il lui semble que la dernière phrase que son frère a prononcée est encore là, suspendue en l'air. Elle résonne en lui: «Aie confiance.» Oui... Il doit avoir confiance... Dieu veille sur Adrien, il en est sûr.

∽

En quittant Québec, ils étaient douze et, maintenant, ils ne sont plus que quatre à participer à l'expédition. Tandis qu'ils prennent place dans le canot, un groupe de voyageurs français les met en garde:

— N'allez pas par là! C'est de la folie de se lancer ainsi à l'aventure avec un seul canot. La paix avec les Iroquois a été signée, mais tout de même... Sait-on jamais... Vous n'êtes pas à l'abri d'une attaque!

Louis fait mine de ne pas entendre et rame de plus en plus vite. Puis il se retourne et leur crie:

— Ayez confiance, chers amis... Ayez confiance!

Aujourd'hui, pour la première fois depuis qu'il navigue sur le lac des Illinois, Louis a vu les roches incrustées de cuivre dont a parlé le père Allouez. Se pourrait-il que l'Iroquois ait dit vrai et que l'on soit réellement tout près des mines ? La troupe, qui commençait à se décourager, reprend espoir ; Louis, persuadé d'être sur la bonne voie, décide de suivre l'itinéraire du prisonnier.

Pendant des jours, il longe la rive ouest, mais à mesure qu'il avance, les roches se raréfient et bientôt disparaissent complètement. Le moral de la troupe s'affaisse et Louis décide de faire halte chez les Potéouatamis.

Le grand chef est très surpris de rencontrer des Blancs à la recherche de cuivre dans cette région. Les bras croisés sur la poitrine, il leur parle en algonquin. Jacques Maugras traduit :

— Il dit qu'ici il n'y a que de vulgaires cailloux… Plus loin, à soixante jours de canot, au nord du lac Supérieur, il y a beaucoup de cuivre.

Les craintes de Louis se concrétisent. L'Iroquois a menti…

— Nous nous sommes fait rouler, peste Pierre Moreau.

— Et maintenant, demande Jacques Maugras, l'air penaud, où allons-nous ?

— Nous n'avons d'autre choix que de rentrer à Québec avant l'hiver, répond Louis. Pour le cuivre… Il faudra revenir le printemps prochain.

∽

Louis rêvait d'arriver à Québec à bord d'un canot chargé de cuivre. Il souriait en imaginant la joie d'Adrien, riait en pensant à la tête que ferait Péré en apprenant que les frères Jolliet avaient découvert un trésor ; il se voyait déjà accueilli par une salve d'applaudissements. Hélas, l'avenir qui l'attendait était fort différent.

C'est par une journée d'automne froide, sombre et pluvieuse que Louis rentre à Québec. La place du marché est vide, le port est désert. La ville s'est transformée en une immense flaque de boue et, flairant l'orage, les gens se sont réfugiés chez eux. Adrien n'est pas là comme il l'avait promis. Adrien ne sera plus jamais là, ni pour lui ni pour personne. En y songeant, Louis a mal… Il ressent encore cette douleur… Une douleur vive, aiguë, la même qui l'a transpercé quand, sur le chemin du retour, il a appris la mort de son frère.

Maintenant, le nom d'Adrien est sur toutes les lèvres. On parle d'Adrien l'aventurier, d'Adrien l'explorateur, de ce héros qui est arrivé à Québec avec un Iroquois. On raconte qu'il est venu des Pays d'en haut en traversant un lac immense sur lequel nul Blanc avant lui n'était allé. Adrien a trouvé une nouvelle route. Il est le premier à avoir navigué sur le lac Érié. Louis est fier de son frère, il aurait tellement aimé le féliciter. Mais pourquoi ? Pourquoi lui ?

Louis ne peut concevoir qu'Adrien ne soit plus de ce monde. Il lui semble le voir partout où se pose son regard. Il l'aperçoit là qui emprunte la rue du Sautau-Matelot, ici qui entre dans la boucherie et plus loin qui sort de l'auberge *Aux trois pigeons*. Adrien ne quitte plus son esprit. Il est fiché dans son cœur, vivant à jamais.

Perdu dans ses souvenirs, noyé dans son chagrin, Louis est arrivé chez François Bissot sans s'en rendre compte et le voilà sur le seuil, encombré des fourrures qu'il vient vendre. Il repense à ce que lui a dit son frère en lui montrant cette demeure : « Ici habite un des commerçants les plus influents de la colonie. Il vient d'ailleurs d'ouvrir une tannerie à la Pointe Lévy. » Louis retient son souffle et frappe à la porte. Une jeune fille d'environ quatorze ans lui ouvre.

— Mademoiselle, dit Louis en soulevant son chapeau, je me présente : Louis Jolliet.

— Claire-Françoise Bissot, répond-elle en fléchissant légèrement les genoux en guise de révérence. Vous venez sûrement pour père, continue-t-elle en jetant un œil sur les peaux de castor.

— Oui… réussit à articuler Louis, hypnotisé par la beauté de ce visage.

— Entrez… Je vais l'avertir de votre arrivée.

Claire-Françoise s'éloigne, mais son sourire angélique, la douceur de son regard et la grâce de ses gestes s'imprègnent dans la mémoire de Louis. Pendant un court instant, il a oublié la perte de son frère et la vie lui a paru belle, rayonnante de joie. L'amertume qui lui empoisonnait l'âme a pris le goût du miel, la douleur qui lui transperçait la poitrine s'est volatilisée et un sentiment de bien-être l'a envahi. Il reprend confiance. Cette jeune fille lui a redonné espoir, il sait maintenant que le monde est rempli de merveilles.

3

Le passage vers la Chine

De la fenêtre de son cabinet de travail, le nouveau gouverneur de Nouvelle-France a une vue imprenable de la région. Voilà plus d'une heure qu'il est là, le regard perdu au loin. La position stratégique de Québec éveille en lui de grands rêves. Il se voit déjà hisser cette ville au rang des plus puissantes capitales du monde. Oui… À ce moment précis, il n'en doute pas. Lui, Louis de Buade, comte de Palluau et de Frontenac, deviendra maître d'un immense empire.

Cette pensée le console. Il s'y réfugie et oublie, quelques minutes seulement, les idées noires qu'il ressasse depuis le 12 septembre 1672, date de son arrivée. Ses sentiments pour la Nouvelle-France sont

ANQ-Québec, P600, S6, PGH 670-66.

Statue de Louis de Buade, comte de
Frontenac, gouverneur de la Nouvelle-
France de 1672 à 1682 et de 1689 à 1698.

contradictoires. Tantôt il l'adore, tantôt il la déteste. La basse ville, par exemple, le charme et l'irrite à la fois. Les maisons y sont jolies, pittoresques, mais construites pêle-mêle, sans aucun souci d'ordre. Les gens de ce pays n'ont-ils donc pas conscience de l'avenir ? Ne savent-ils pas qu'un modeste bâtiment peut, au fil des ans, devenir considérable et qu'il faut prévoir dès maintenant l'état dans lequel seront les choses de demain ?

Frontenac soupire et les plis qui se dessinent sur son front trahissent son impatience... Il se désespère d'entendre continuellement parler de pêche à la morue et de chasse au castor. Le théâtre, la musique, la poésie n'intéressent donc personne ? Sait-on au moins qui est Racine ou Molière ? La situation lui semble parfois irrémédiable et il craint que Québec ne soit condamnée à rester une petite ville de province. Mais pourquoi diable l'a-t-on envoyé dans cette colonie de rustres et de sauvages ? Lui, qui a su diriger les plus grandes armées et participer aux guerres les plus nobles ! N'y avait-il pas un meilleur moyen d'échapper à ses créanciers ?

Il est à l'écart ici, à mille et une lieues du faste de la cour de Louis XIV. Il songe à Anne, son épouse restée à Paris. Il ose à peine imaginer à quel point elle détesterait ce pays. Il rit intérieurement au souvenir de la terrible colère de son beau-père lorsqu'il a su que sa fille avait épousé clandestinement ce scélérat de Frontenac. Puis, ses réflexions l'amènent à François-Louis, son fils. Suivra-t-il les traces de son père ? Réussira-t-il à devenir colonel et à mener une aussi brillante carrière que lui ? Pourvu qu'il sache porter dignement le nom de Buade...

Soudain, des bruits le tirent de ses pensées. Il entend des voix. Puis, quelqu'un emprunte le corridor et se dirige vers son cabinet. L'instant d'après, on frappe à la porte.

— Qu'y a-t-il? dit Frontenac d'un ton sec et autoritaire.

Un domestique se présente timidement dans l'entrebâillement:

— Monsieur l'intendant est arrivé, monsieur le gouverneur.

— Eh bien! soit, crie Frontenac en levant le bras au ciel, qu'attendez-vous? Faites le entrer!

— Bien, monsieur le gouverneur, bredouille le valet avant de s'esquiver.

Tandis que son serviteur s'éloigne, Frontenac reste posté à la fenêtre. Il se tient bien droit dans son justaucorps bleu aux basques plissées. Le haut de son habit est légèrement déboutonné afin de laisser voir une superbe cravate de mousseline blanche et son épaule droite est ornée de rubans. Son visage est abondamment poudré et il a mis pour l'occasion sa plus belle perruque dont les boucles blanches, étagées, lui tombent sur le dos.

— Vous voilà enfin, monsieur l'intendant, risque-t-il en devinant une présence derrière lui.

— Monsieur le gouverneur, dit Talon en retirant son chapeau, c'est un honneur pour moi que d'être reçu par vous au château Saint-Louis [1].

— De grâce, épargnez-moi ces formalités, coupe Frontenac. Sachez que je n'ai jamais été aussi mal

---

1. Le château Saint-Louis était à l'emplacement actuel du Château Frontenac.

logé… Certes, l'emplacement de ce château est exceptionnel. Du haut de la falaise, il surplombe toute la ville… Mais qui diable voudrait d'une résidence qui tombe en ruine ? À la cour, j'habitais de somptueux appartements… Et voyez-vous ? Voyez-vous dans quel bâtiment délabré on me loge ? Moi, le représentant du roi ! C'est inadmissible !

Les mots qui sortent de sa bouche sont comparables à la foudre. Sa voix tonne, gronde, et Talon a un mouvement de recul. Puis il se tait et le calme revient. Il se tourne vers son invité, le considère de haut en bas et fait quelques pas dans sa direction. Les talons de ses chaussures résonnent sur le plancher de pin. Sa main est posée sur la poignée de l'épée qu'il porte à la taille, comme si, avec le seul bras valide qu'il lui reste, il se préparait à se défendre contre mer et monde.

— Mais je ne crois pas que vous soyez venu pour m'écouter me plaindre, reprend Frontenac après s'être raclé la gorge. Passons plutôt aux choses sérieuses… Vous êtes ici pour me faire part des découvertes de l'Ouest. Allez-y, j'ai peu de temps à vous consacrer.

— Si monsieur le gouverneur le permet, dit Talon en déroulant un papier qu'il tient à la main, cette carte de Nicolas Sanson résume assez bien nos connaissances des Pays d'en haut.

Immédiatement, Frontenac s'empare de la carte, la couche sur sa table de travail et l'examine avec attention. Les noms qu'il y lit lui sont plus ou moins familiers : la terre de Labrador, le golfe de Hudson, la baie James et, plus au sud, les lacs Ontario, Karegnondi, Érié, Supérieur… Et ensuite ? Ensuite, plus rien ! Un gigantesque trou noir. L'inconnu qui s'étend à l'infini.

— Et qu'en est-il de cette rivière dont j'ai eu quelques échos ? Si mon souvenir est bon, je crois qu'on la nomme Mitchissipi.

— Ah ! Le Mississippi... Voilà justement ce dont je désirais vous entretenir... Tout a commencé ici, dit Talon en posant l'index sur un point à l'extrémité de la baie des Puants, au village des Mascoutens, où le père Dablon a séjourné. Là, les Indiens lui ont révélé l'existence d'une rivière qui se jette dans une immense étendue d'eau, fort probablement la mer Vermeille.

— Cette rivière serait donc un passage vers la Chine ! s'exclame Frontenac. Mais où diable est-elle ?

— Elle se trouverait quelque part par là, continue Talon en glissant légèrement son doigt au sud de la baie des Puants, s'aventurant ainsi dans une masse nébuleuse, dans un territoire inexploré.

Le geste de Jean Talon pour désigner cette obscure région et la découverte éventuelle d'un chemin vers la Chine provoquent chez Frontenac un débordement d'imagination.

— Merveilleux ! Fantastique ! La Nouvelle-France, monsieur l'intendant, deviendra un immense empire ! Vous verrez ! Nous aurons le monopole du marché... Les épices nous appartiennent !

Soudain, les mots se coincent dans sa gorge et il reste bouche bée, comme frappé par un éclair de lucidité. Très vite, il reprend contenance, regarde Talon, fronce les sourcils et poursuit de sa voix rugissante :

— Et les Anglais ? Où sont-ils ?

— Les Anglais, monsieur le gouverneur, constituent un véritable problème... Ils se sont installés à la baie James où ils recherchent activement le passage du Nord-Ouest... Ils ont établi plusieurs postes de traite et offrent un meilleur prix aux Indiens pour les peaux de castor, ce qui met notre économie en péril.

— Diable ! Il faut riposter ! En combien de temps pouvons-nous espérer déboucher dans la mer Vermeille ?

— Hum... Tout dépend des aléas de la route... Mais comme je l'ai déjà écrit à Sa Majesté, on estime qu'il y a moins de trois cents lieues entre notre poste le plus avancé, Sainte-Marie-du-Sault, et les rives de la mer du Sud... Si l'on se fie aux récits des Sauvages, il doit y avoir mille cinq cents lieues de navigation avant d'arriver en Tartarie, en Chine et au Japon.

— Diable ! Qu'attendons-nous pour envoyer nos hommes de ce côté-là ?

Frontenac s'approche de la fenêtre. Il feint de contempler le paysage, mais le tremblement de ses lèvres trahit son impatience et la pose nonchalante qu'il s'efforce d'adopter ne fait qu'accentuer son horrible rictus.

— Avez-vous au moins un nom en tête ? continue-t-il, d'un ton de plus en plus exaspéré.

— Bien sûr, monsieur le gouverneur. C'est ce dont je voulais vous faire part... Il s'agit d'un jeune homme de vingt-sept ans qui a étudié la navigation et la cartographie chez les plus illustres maîtres du royaume. Il a également participé à quelques expéditions dans l'Ouest et a été témoin, l'an dernier, de la prise de possession des territoires de l'Ouest par Daumont de Saint-Lusson...

— Son nom ? l'interrompt Frontenac.

— Louis Jolliet.

— Louis Jolliet... Hum... Eh bien, soit! Va pour le sieur Jolliet!

❧

Quand le gouverneur lui a appris la nouvelle, Louis n'a pas sourcillé, il a gardé un air placide, imperturbable. Comment a-t-il fait pour garder son calme alors qu'il n'avait qu'une seule envie : crier, hurler sa joie? Le feu brûlait dans la cheminée et il lorgnait la fenêtre. Il aurait voulu l'ouvrir tant il avait chaud dans son habit d'apparat. Il avait dû dénouer discrètement sa cravate de dentelle et déboutonner un peu son justaucorps... Il suffoquait. Ce qu'il entendait dépassait ses espérances.

— On m'a dit beaucoup de bien à votre sujet, monsieur Jolliet. Vous êtes, paraît-il, un jeune homme d'une droiture exemplaire, courageux, plein de vigueur et, de surcroît, d'une rare intelligence. Aussi m'a-t-on vivement conseillé de vous envoyer reconnaître la mer du Sud. Vous devez cependant savoir que Sa Majesté ne vous donnera pas un écu... Mais vous saurez sûrement trouver les fonds nécessaires pour mener cette mission à bien.

C'était inouï! Louis avait l'impression de vivre dans un rêve. Lui, partir à la recherche de la route des Indes! En moins d'une semaine, il avait créé une société pour financer l'expédition et recruté des associés parmi les plus habiles pagayeurs de la colonie. Il avait aussi acheté deux canots de fabrication algonquine pour seulement cent quarante écus, une aubaine!

— Il n'y a pas de meilleurs canots, avait-il expliqué à son frère Zacharie, qui s'était joint à la troupe. En les choisissant d'écorce de bouleau, on ne peut se tromper… Ils sont légers comme une plume et durent au moins cinq ou six ans.

Louis avait également fait provision de farine, de pois secs, de lard, de galettes, de vinaigre et de viande boucanée. Puis il s'était procuré divers objets à offrir aux chefs des nations indigènes. Il y avait entre autres des vêtements et des couvertures de laine, des marmites de cuivre, des couteaux, du tabac brésilien… Mais le temps pressait. Frontenac avait ordonné de trouver cette mystérieuse rivière le plus tôt possible. « Et si les Anglais mettent le pied sur la route des Indes avant nous ! Vous vous rendez compte ! avait-il dit à Louis en le fixant de ses petits yeux de faucon. Je compte sur vous pour faire vite ! »

Louis avait décidé de passer l'hiver dans la région des Grands Lacs. L'expédition était en route depuis le 3 octobre 1672 et c'est aujourd'hui, le 8 décembre, qu'elle arrive à la mission de Michillimakinac [1]. Louis est soulagé de voir enfin la palissade de bois, la croix de la chapelle et le toit de quelques maisons. Depuis une semaine, le sol s'est recouvert d'une fine couche de neige, l'eau a commencé à geler, le froid est incisif et la navigation de plus en plus ardue.

— J'espère qu'un bon ragoût de gibier sera au menu ! crie Jacques Largillier pendant que le canot accoste.

---

1. Située à la jonction des lacs Huron et Michigan.

Dès le premier coup d'œil, Louis devine que cet homme maigrichon, presque famélique, vêtu d'une soutane trop longue pour lui et allant pieds nus malgré le froid est le père Jacques Marquette. Il cesse un moment de décharger les embarcations, porte sa main en visière et le regarde approcher. Il est d'abord frappé par le contraste entre la pâleur de son visage et le noir intense de ses cheveux et de sa barbe. Puis il remarque que ses grands yeux noisette brillent d'un éclat peu commun. Cet être qui avance vers lui semble entouré d'une aura de paix et de bonté.

— Je présume que vous êtes le sieur Jolliet, dit le jésuite en lui tendant ses doigts décharnés.

— Et vous le père Jacques Marquette, répond Louis en lui serrant la main.

À ces mots, tous deux rient de bon cœur, étonnés de s'être reconnus si aisément. En voyant l'air calme et le sourire franc, chaleureux de son interlocuteur, Louis sait d'emblée qu'ils s'entendront à merveille.

— J'ai pour vous une lettre du père Dablon, marmonne Louis en fouillant dans sa besace.

— Une lettre du père Dablon! répète Marquette intrigué.

— Oui… Une lettre dans laquelle il vous demande de vous joindre à l'expédition qui descendra le Mississippi.

— Enfin! Il accède à mon vœu le plus cher, fait Marquette en levant les yeux au ciel et en joignant les mains…

— Je vois que vous acceptez de venir avec nous…
Et je suis ravi de vous compter parmi mes compagnons… Ah! Voilà la lettre, s'exclame Louis en tirant
un bout de papier chiffonné de son sac.

⊙

Dehors, de grandes bourrasques soulèvent la
neige, des flocons tourbillonnent et retombent douce-
ment sur le sol. La bise souffle, le froid brûle la peau.
Louis vient d'entrer dans la cabane huronne.

— L'hiver est interminable soupire-t-il en s'approchant du feu.

Il retire son chapeau de fourrure, mais ne se
départit pas de son capot ni de ses guêtres en cuir de
chevreuil. Il s'assied sur une peau d'ours, croise les
jambes et se réchauffe les mains à la flamme.

La pièce est sombre. Le soleil ne perce que par
les petites ouvertures aménagées au-dessus des foyers
pour laisser s'échapper la fumée. Mais cette fumée ne
s'évacue pas, ou si peu. Elle emplit la pièce, pique les
yeux, imprègne les habits, les cheveux. Elle colle à la
peau et Louis, même lorsqu'il est loin de la hutte, a
l'impression que cette odeur le suit partout.

Autour du feu qui crépite, les femmes s'activent.
Quelques-unes, armées d'un pilon et d'un mortier,
broient le maïs; d'autres rapiècent des vêtements ou
allaitent leur nourrisson. Elles jacassent et rigolent tout
en jetant de brefs coups d'œil à l'étranger. Louis tend
l'oreille, essaie de saisir le sens de leur discussion et, à
son grand bonheur, parvient à comprendre plusieurs
mots. Il a beaucoup progressé depuis le début de

l'hiver et, s'il continue ainsi, il maîtrisera parfaitement la langue huronne avant le printemps.

Bientôt, deux hommes le rejoignent. Ils sont parmi les rares qui ne sont pas partis à la chasse et, chaque jour, ils donnent rendez-vous à Louis dans leur cabane d'écorce. Là, ils lui apprennent leur dialecte, dévoilent des secrets sur leurs dieux, racontent des légendes et l'initient au tabac. De son côté, Louis leur pose mille questions sur le Mississippi. Il veut tout savoir de cette rivière : sa source, son orientation, son débit, le plus court chemin pour s'y rendre, les nations qui peuplent ses rives…

Le soir, il s'installe à la lueur d'une bougie et dessine la rivière dans les moindres détails, en prenant soin d'y noter le nom des tribus dont on lui a parlé. Petit à petit, sa carte se précise et, sous sa plume, un pays prend forme. Il songe alors à ces endroits inusités et il se voit déjà sur cette eau, à naviguer dans des contrées inexplorées et à s'enfoncer toujours plus profondément dans l'inconnu. Il pose le menton dans le creux de sa main, observe la flamme qui danse, écoute la mèche qui grésille, le vent qui siffle dans la nuit et il attend, les yeux brillants d'espoir, le temps de la débâcle.

4

Le Mississippi

Quel hiver long et rigoureux! La nature avait cessé de respirer, elle était immobile, transie, et Louis se demandait quand son pouls recommencerait à battre. Il fut soulagé lorsque la glace se mit à craquer. Il allait enfin pouvoir prendre la route. Il était délivré!

Les préparatifs se firent rapidement, dans une hâte et une frénésie peu communes. Il fut convenu que Zacharie regagnerait Québec pour y vendre les peaux qui avaient été traitées et il fut le premier à quitter la mission. Marquette, lui, normalement si calme et si posé, ne tenait pas en place. Il courait de gauche et de droite, laissait ses recommandations ici et là et ne savait plus où donner de la tête. Au moment

Carte du lac des Illinois (lac Michigan) dessinée par l'abbé Bernou
d'après des renseignements de Louis Jolliet.

Bibliothèque Nationale du Québec, NMC 19417.

où on allait embarquer dans les canots, il imposa silence et prit la parole :

— Mes frères... Notre empressement nous fait oublier l'essentiel... Qui veillera sur nous si nous partons ainsi, insouciants, en nous moquant du ciel et de l'enfer ? En ce jour du 17 mai de l'an 1673, poursuivit-il en haussant soudainement le ton et en regardant ses compagnons dans les yeux, je demande humblement à la Sainte Vierge de nous protéger au cours de ce périple. Ô toi Marie, enchaîna-t-il en joignant les mains, si tu nous fais la grâce de nous mener à la grande rivière, je te promets que je la nommerai Conception en ton honneur et que je donnerai également ce nom à la première mission que j'établirai chez ces nouveaux peuples.

Sur ces mots, les membres de la troupe récitèrent un *Ave Maria*, se signèrent et prirent la route. À chaque coup d'aviron, ils avaient conscience de s'éloigner un peu plus de leur monde, mais personne ne se retournait. Tous fixaient ce point où ciel et terre se confondent et ramaient avec acharnement, ramaient inlassablement vers l'inconnu.

L'expédition traverse maintenant la baie des Puants en direction de la bourgade des Mascoutens. Elle fait route depuis trois semaines et jamais on n'a respiré une odeur aussi désagréable. L'eau à cet endroit est vaseuse, boueuse, et il en émane des vapeurs nauséabondes.

En apercevant le village au loin, les canotiers sont soulagés. Ils n'auront plus à endurer cette puanteur. Les canots accostent et Louis a l'impression d'avoir franchi une étape. Quand il repartira d'ici, il entamera ses véritables explorations. Il se sent comme à la frontière du réel et de l'irréel, entre le pays qu'il connaît et l'autre, peuplé de légendes et d'histoires inquiétantes.

Louis n'a pas le temps de descendre de l'embarcation que les Indiens se précipitent sur lui pour l'emmener visiter les lieux. Soudain, Marquette, qui marchait à côté de lui, s'arrête, affiche un large sourire et pointe son index vers une croix où ont été déposés des peaux, des ceintures, des arcs et des flèches pour remercier Dieu d'une chasse abondante :

— Monsieur Jolliet ! s'exclame-t-il, Dieu est parmi eux !

Le village est entouré de vastes prairies et de champs de maïs. Après avoir fait le tour de la bourgade, Louis convoque une assemblée. Il attend longtemps avant que les anciens soient tous réunis près de lui. Après s'être présenté, il leur explique le périple qu'il compte entreprendre et il finit par demander deux guides. Cette requête étonne et, aussitôt, les murmures s'élèvent : « Il faut être fou, entend-il, pour s'aventurer dans cette direction ! » Mais Louis ne se laisse pas abattre. Il insiste, renchérit :

— Ce père en robe noire qui se tient devant vous, dit-il en faisant signe à Marquette de se lever, est envoyé par Dieu, Celui-là même que vous honorez de votre croix. Dieu lui a demandé d'accomplir ce voyage afin de propager sa parole chez toutes les nations… Cet homme, reprend-il en montrant Marquette du doigt, n'hésite pas à risquer sa vie pour obéir aux volontés du Dieu tout-puissant et pour sauver l'âme des malheureux qui n'ont pas encore été éclairés des lumières du Saint Évangile.

Il se tait et regarde autour de lui. Les Mascoutens et les Kikabous discutent vivement. Quelques-uns semblent d'accord, mais la plupart sont sceptiques et refusent de sacrifier les leurs au Grand Manitou. Les Miamis aussi argumentent. Louis fonde beaucoup d'espoirs sur eux, car on lui a dit qu'ils étaient très sensibles au message chrétien. Après un moment, un Miami se lève. Il est assez grand et il a des animaux tatoués sur le corps, de la tête aux pieds. Il annonce que deux hommes de son clan aideront les Blancs à se rendre à la rivière Meskousing[1]. Louis pousse un soupir de soulagement. Sans les guides, il était perdu !

Louis a à peine fermé l'œil de la nuit. Il a calculé, vérifié la direction du vent et dressé des cartes sommaires selon les dernières informations des Indiens. Après avoir avalé du poisson séché, de la bouillie de maïs, des prunes et des raisins, il est prêt à explorer ces terres hantées par les dieux et les démons des Sauvages.

Pour arriver au Meskousing, il doit tenir le rhumb ouest-sud-ouest. Mais comment être certain de toujours prendre la bonne direction quand le chemin se sépare en autant de petits lacs et de marais ? D'autant plus que la rivière est envahie de folle-avoine. Il y en a tellement que Louis a peine à reconnaître le chenal.

---

1. Appelée aujourd'hui Wisconsin.

Ce paysage lui rappelle celui du peuple de la Folle-Avoine, qui lui avait appris à recueillir les grains d'avoine pour en faire de la farine. Les femmes secouent les épis au-dessus des canots, puis elles font fumer les grains sur un petit gril de bois jusqu'à ce qu'ils soient bien secs. Ensuite, elles les mettent dans une peau qu'elles enfoncent dans un trou pour piler le tout avec les pieds. Louis a goûté cette farine et il l'a trouvée délicieuse : « On pourrait presque la confondre avec le riz », avait-il dit à ses camarades qui le regardaient manger cette drôle de pâte.

Mais Louis a surtout été marqué par la réaction des anciens quand il leur a confié où il allait. C'était un soir de pleine lune. Marquette, Pierre Moreau et lui étaient assis autour du feu avec quelques vieux sages de la tribu. Le bois crépitait, les flammes dansaient en jetant une lueur rouge orangé et une pipe passait de main en main. En tendant bien l'oreille, on percevait le cri des coyotes plus loin dans la forêt.

Dès qu'ils entendirent parler du Mississippi, les Indiens se mirent à trembler et racontèrent les horreurs qui avaient lieu dans ce pays. Louis savait déjà que les nations habitant le long de la rivière menaient entre elles une guerre sans merci, mais il ignorait à quel point les étrangers y étaient mal accueillis. Ces guerriers étaient, paraît-il, sans pitié et assassinaient n'importe qui en leur fracassant le crâne à coups de casse-tête. C'étaient des êtres sanguinaires qui ne pensaient qu'à tuer.

Les anciens enchaînèrent sur les dangers de la navigation et sur les chaleurs excessives qui provoquaient la mort. Puis, ils décrivirent les monstres affreux qui se cachaient dans les eaux du Mississippi et qui dévoraient les hommes en une seule bouchée. Ils s'épanchèrent longuement sur un démon qui hurlait très fort pour attirer sa proie. Personne ne pouvait le décrire, car tous ceux qui s'en étaient approchés avaient disparu à jamais. Ils jurèrent que seul un dieu pouvait revenir vivant du fleuve qu'ils appelaient la rivière de la Mort.

❧

En naviguant parmi les épis d'avoine, Louis repense à ces paroles, et soudain un doute l'assaille. Serait-il en train de mettre sa vie et celle de ses hommes en péril ? Il revoit la figure pâle et déconfite de Pierre Moreau pendant qu'il écoutait ces horreurs… Marquette aussi était blême, mais «la Vierge veille sur nous», ne cessait-il de répéter. Les autres le suivraient-ils avec autant de conviction s'ils savaient ces histoires ?

Louis ne craint ni les monstres ni les démons. Il s'inquiète surtout des guerres que se livrent entre elles les tribus et qui suffisent parfois à éveiller chez l'homme la rage et la soif du sang. Pourvu que ces Sauvages ne soient pas aussi cruels qu'on a bien voulu le lui laisser croire…

❧

La chaleur est torride, les moustiques de plus en plus nombreux, et les Français arrivent exténués à la rivière Meskousing. Les Miamis sont restés avec eux pour le portage. Canot sur les épaules, ils les ont aidés à trouver leur chemin dans la broussaille. Puis ils sont repartis, convaincus de la folie et de la mort prochaine des membres de l'expédition.

Après avoir fumé une bonne pipe et écouté Marquette réciter une prière à la Vierge, les compagnons se remettent en route. Grâce au vent favorable, on peut hisser la petite voile, et les canots prennent de la vitesse. Louis se dit qu'à ce rythme-là il atteindra le Mississippi beaucoup plus vite qu'il ne le croyait. Mais les embarcations ont tôt fait de s'échouer sur les bancs de sable et à tout moment on doit descendre pour les pousser.

Louis et ses hommes ne se découragent pas. Ils pagaient de l'aurore à la brunante, s'arrêtent toutes les deux heures, fument une pipe et repartent. La nuit, ils campent sur la berge. Certains dorment sous les canots qu'on a retournés, d'autres se servent de la voile en guise de tente. Les insectes de cette région sont infernaux. Marquette se réveille toujours avec un œil gonflé ou une bosse sur le front, salué par les rires des rameurs.

∽

Combien de lieues parcourues depuis l'arrivée dans le Meskousing ? Trente ? Trente-cinq peut-être ? Si les calculs de Louis sont bons, on devrait déboucher dans le Mississippi ce jour même, le 17 juin 1673. Il a du mal à contenir son impatience et, à chaque coup d'aviron, il presse la cadence.

Il a tellement rêvé de ce moment… Il ne saurait dire pourquoi, mais il sent qu'il touche au but. Il a une intuition aiguë, la certitude que sa rivière est là, devant lui, maintenant, qu'elle l'attend.

Il pagaie : un, deux et un, deux et… elle se dessine au loin, prend forme petit à petit, puis s'étend de tout son long. Son eau est douce et limpide, plus claire, plus belle de seconde en seconde, et lui, il vogue vers elle en criant : « Mississippi ! Mississippi ! »

Bibliothèque nationale du Québec, RES CA 48.

Chef illinois fumant le calumet.
Illustration tirée d'un fac-similé du *Codex canadiensis*,
album manuscrit de la fin du XVIIᵉ siècle attribué à Louis Nicolas.

5

Vers la mer du Sud

É trange… Louis sait pourtant qu'il existe un certain
nombre de bourgades le long du Mississippi. Normalement, il aurait dû les croiser. Voilà huit jours qu'il
pagaie et il n'a pas encore rencontré le moindre signe
de vie humaine. Que se trame-t-il ? Les Sauvages lui
préparent-ils une embuscade ? Ils sont peut-être là,
cachés derrière les arbres ou tapis dans les bosquets, à
attendre le moment opportun ?

À mesure qu'il avance, la tension monte. Un lourd
silence plane au-dessus du groupe. Personne n'ose prononcer un mot. Excitation et angoisse se confondent
dans les yeux des canotiers. Les visages sont durs et
crispés. Chacun guette, écoute, retient son souffle…

Déjà, le paysage change. Les montagnes disparaissent, les forêts s'estompent et d'immenses prairies bordent la rivière. Les voyageurs ne cessent de s'étonner devant les troupeaux de trente, quarante bisons qui viennent s'abreuver. Pierre Moreau a réussi à en tuer un si gros que trois hommes n'ont pas suffi à le déplacer. Ensuite, ils ont goûté la viande ; elle était tendre et délicieuse.

∞

Louis n'aime pas le repas du soir, précisément à cause du feu que l'on doit allumer pour cuire les aliments. Il craint que la lueur des flammes, la fumée ou l'odeur de la nourriture n'alertent les Indiens. Une attaque peut survenir n'importe quand et il est plus vulnérable sur la terre ferme. Ses compagnons aussi se sentent en danger et ils mangent en hâte.

Une fois la dernière bouchée avalée, on grimpe dans les canots et on s'éloigne le plus possible de l'emplacement du feu. On rame sans dire un mot, sans faire un bruit, en essayant même d'assourdir le claquement de l'aviron sur l'eau. Si par malheur un hibou s'envole ou une grenouille coasse, on sursaute. On navigue à tâtons dans le noir et chaque son devient une menace.

Lorsqu'on juge qu'on peut enfin s'arrêter, on s'écarte de la berge et on jette l'ancre au beau milieu de la rivière. C'est là qu'on passe la nuit, couchés au fond des embarcations. Deux sentinelles montent la garde tour à tour tandis que les autres peinent à trouver le sommeil. L'espace est tellement restreint qu'on doit se recroqueviller sur soi-même et, au moindre mouvement, le voisin reçoit un coup, l'embarcation ballotte et tout le monde se réveille.

Malgré la fatigue, Louis met du temps à s'endormir. Il repense à son itinéraire, se demande où sont les Indiens et pourquoi il ne les a pas vus. Il s'imagine encerclé, épié, puis transpercé d'une flèche. Il se voit, au bout de son sang, agoniser lentement avant d'expirer seul sur cette terre secrète.

Puis il regarde le ciel et se laisse aspirer par ce gigantesque trou noir. Il a l'impression de se fondre dans les étoiles. Il devient petit, si petit… un minuscule point perdu dans l'immensité. Il a l'intuition de comprendre soudain le miracle de la vie, de ressentir en lui la beauté du monde. Ses inquiétudes se dissipent, son cœur s'apaise et ses paupières s'alourdissent.

☙

— Regardez, murmure Jacques Lagillier à l'oreille de Louis, là, sur la berge… Voyez-vous? On dirait des empreintes de pieds.

Louis accueille la nouvelle avec un mélange de joie et d'affolement. Il est rassuré de découvrir une présence humaine, mais les hôtes… Qui sont-ils? De redoutables guerriers qui ont exterminé toutes les peuplades des environs?

Louis fait signe à ses camarades de se ranger sur la grève. Il veut y voir de plus près. Il est heureux que les traces de pas mènent à un sentier de terre battue. Les Indiens ne les espionnaient pas! Ils étaient là pour pêcher et non pour les attaquer.

— Ce chemin doit mener à un village… Restez ici et surveillez les canots, dit-il en haussant la voix et en se tournant vers ses hommes. Moi, je pars en reconnaissance.

— Attendez! s'exclame Marquette. Je vous accompagne… Je parle plusieurs dialectes et je suis certain de vous être utile.

— Bon… venez! répond Louis sèchement.

Louis préférerait que Marquette reste avec les autres et qu'il ménage ses forces. Depuis quelques jours, il n'a pas l'air vaillant. Les nuits qu'il passe en plein cœur de la rivière l'épuisent. C'est sûrement là qu'il a attrapé un coup de froid. Il est vrai qu'il reste toujours un peu d'eau au fond des embarcations et qu'il est aisé pour une santé fragile de prendre mal. Par temps de pluie, surtout, c'est infernal, car on a beau tirer la voile sur le dessus du canot pour former un toit, l'eau trouve immanquablement le moyen de s'infiltrer.

Les deux hommes s'engagent dans le petit sentier. Il fait chaud, les moustiques leur collent à la peau. Louis ouvre la marche, écarte les feuillages, et Marquette le suit. Les cailloux roulent sous leurs pas, les branches craquent et ils avancent prudemment, sans parler, osant à peine respirer.

Après une lieue, peut-être deux, ils l'aperçoivent enfin… Là, devant eux, un village s'étend au bord d'une rivière[1] et, un peu plus loin, deux autres bour-

1. Il s'agit sans doute de la rivière Iowa.

gades se devinent. Il y a si longtemps qu'ils n'ont vu personne, sinon leurs compagnons. Ils vont enfin pouvoir poser des questions, savoir s'ils sont sur la bonne voie. Pourvu qu'ils réussissent à établir un contact...

Louis tape sur l'épaule de Marquette et lui montre du doigt l'endroit où ils vont se faufiler. Louis passe le premier, il se glisse à toute vitesse entre les buissons, s'assure qu'il est hors de danger et fait signe au jésuite de le rejoindre.

Et maintenant, les voilà agenouillés derrière un rocher, à observer les allées et venues des Indiens. Ils sont si près d'eux qu'ils les entendent parler, ils pourraient presque se mêler à leur conversation. Leur langue tient de l'algonquin et, au prix de quelques efforts, ils la comprennent assez bien. Croyant donc pouvoir éviter un conflit en discutant avec eux, ils sortent de leur cachette.

Ils se lèvent et courent vers le village en hurlant de toutes leurs forces. Puis ils s'arrêtent net devant les Indiens stupéfaits de découvrir parmi eux deux Visages pâles, l'un torse nu et l'autre vêtu d'une longue robe noire.

Cette surprise provoque une agitation extrême. On papillonne de gauche et de droite, on chuchote, on crie, on examine les visiteurs, on s'en approche un peu, puis on s'en éloigne. Louis et Marquette restent là, plantés au milieu de la cohue, comme changés en statues de sel, et ils prient Dieu de les préserver.

Bientôt, deux vieillards portant à bout de bras des pipes ornées d'une multitude de plumes viennent à leur rencontre; deux autres les suivent. Tous avancent à très petits pas. Ils progressent lentement et Louis a l'impression qu'une éternité s'est passée depuis qu'ils ont quitté leur hutte ; maintenant, ils entourent les deux hommes et les observent. Mais c'est Marquette, surtout, qui les intrigue. Ils le regardent intensément et se risquent même à toucher l'étoffe de sa soutane.

Soudain le jésuite brise le silence :

— Qui êtes-vous ? demande-t-il en algonquin.

— Nous sommes des Illinois, répond l'un des quatre vieillards.

— Voici, poursuit un autre en levant la pipe vers le ciel, le calumet... Acceptez de pétuner avec nous en signe de paix.

∽

Un vieillard les attend devant une hutte. Il est debout, entièrement nu, les mains tendues vers le soleil. Les rayons passent en faisceaux entre ses doigts et inondent son visage. Dès qu'il voit approcher les étrangers, il clame : «Que le soleil est beau, Français, quand tu nous viens visiter ; entre en paix dans toutes nos cabanes», et il les introduit dans la sienne.

L'intérieur est sombre. Après quelques instants, Louis s'habitue à la semi-obscurité et constate qu'une foule se tient là, sans broncher, sans prononcer une seule syllabe et sans non plus le quitter des yeux. On ne tarde pas à lui présenter le calumet. Il en tire une bouffée, le remet à Marquette qui s'étouffe en voulant trop inhaler et qui l'offre vite à son voisin qui le tend à un autre et ainsi de suite. Tandis que les Illinois pétunent en l'honneur des Français, un homme vient annoncer que le capitaine de tous les Illinois invite les Visages pâles dans sa bourgade pour tenir conseil.

Louis et Marquette suivent le guide jusqu'au village suivant. Les Illinois se pressent sur le chemin. Ils n'ont jamais rencontré de Français et ils ne se lassent pas de les contempler. Ils les regardent passer, puis ils les devancent et attendent qu'ils repassent pour les admirer encore.

∽

Trois anciens se tiennent à l'entrée de la cabane. Ils sont nus, debout et tournés vers le soleil. Le capitaine est celui du centre, il a entre les mains le calumet de paix et il propose aux étrangers de le fumer avec lui. Louis et le jésuite pénètrent dans la cabane et s'assoient sur une natte de jonc.

Là, on s'observe, on pétune et on discute longuement. Marquette dit venir de la part du Grand Génie qui les a créés, «car Dieu, explique-t-il, a pitié de vous et, après avoir été ignoré si longtemps, il veut se faire connaître». Puis Louis enchaîne sur les exploits du capitaine français : «C'est lui, raconte-t-il, qui a dompté l'Iroquois et établi la paix», et il se renseigne sur la mer et sur les nations qui bordent la rivière.

Quand chacun a fini de parler, le capitaine se lève, encense les Français de la fumée de sa pipe, les remercie de leur visite et pose la main sur la tête d'un jeune garçon en prenant un air cérémonieux :

— Voici ce que je te donne pour te faire connaître mon cœur, déclare-t-il en mettant l'esclave devant Louis... Prends aussi ce calumet de paix. Il témoigne de l'estime que j'ai pour le gouverneur français… Et toi qui connais le Grand Génie, poursuit-il en s'adressant au jésuite, demande-lui de me donner vie et santé et viens demeurer avec nous pour nous le présenter.

~ ~

Beaucoup d'Illinois sont réunis autour du feu en l'honneur des Français. Louis n'a pas assisté à un si somptueux festin depuis bien longtemps. Les femmes n'en finissent plus d'apporter les plats. Certaines d'entre elles ont le nez ou les oreilles coupés et Louis en conclut qu'elles ont dû être prisonnières d'une tribu ennemie. Il fait part de ses réflexions au capitaine, qui lui répond par un grand éclat de rire :

— Ha! Ha! Ce sont simplement des épouses infidèles, punies par leur mari.

Louis est indigné, mais il se tait de peur de compromettre la promesse de paix.

Il y a un maître de cérémonie chargé de le nourrir. Après la sagamité [1], c'est au tour du plat de poisson. Le maître en prend quelques morceaux, enlève les arêtes, souffle dessus et donne des bouchées à Louis comme on le ferait avec un enfant. Puis les femmes apportent un chien que l'on vient de tuer, mais, devant la moue dégoûtée des Français, elles l'enlèvent du feu et le remplacent par un bison.

~ ~

1. Soupe de maïs.

Louis et Marquette ont dormi dans la cabane du chef, sur une paillasse sèche. Le lendemain matin, le capitaine leur demande, au nom de sa nation, de ne pas poursuivre leur route en direction de la mer «car, explique-t-il, vous courez de grands dangers, des dangers impossibles à éviter». Louis le remercie de sa bienveillance, mais il a une mission à accomplir au péril même de sa vie. Marquette aussi dit ne pas craindre la mort et promet de revenir dans quatre lunes pour leur faire connaître Dieu.

Six cents Illinois se massent sur la berge pour le départ des Français. Ils sont heureux de cette visite et ils leur souhaitent bonne chance en affichant de larges sourires. Mais sous ces airs de gaieté, Louis perçoit une pointe d'affolement et, plus que jamais, il a l'impression de poursuivre un voyage vers la mort. Il repense aux avertissements des Hurons, aux mises en garde du peuple de la Folle-Avoine et à la peur qu'il lit maintenant dans les yeux de ces Indiens.

Bibliothèque nationale du Québec, NMC 15380.

Carte du Mississippi parue dans *Recueil de voyages de Mr Thévenôt*, Paris, Estienne Michallet, 1681.

6

La rivière aux mille dangers

Louis consulte sa boussole : aucune déviation. L'expédition poursuit sa route vers le sud-est. Si cette direction se maintient, la rivière ne débouchera pas dans la mer du Sud. À ce rythme, Louis a bien peur que le Mississippi ne le mène droit au golfe du Mexique. Il se tait, mais la déception se lit dans son regard. Il fixe l'horizon et voit, un à un, ses rêves se désagréger.

Les hommes devinent à sa mine renfrognée qu'ils ne sont pas sur la route des Indes et, après l'avoir bombardé de questions, chacun y va de son avis.

— Nous ne pouvons quitter cette rivière, avance Marquette, sans être sûrs qu'elle se jette dans le golfe du Mexique.

— Il ne faut pas désespérer… Peut-être le cours change-t-il subitement ? s'interroge Jacques Largillier.

— Et alors ? reprend le jésuite. Même si nous découvrions que le Mississippi ne se jette pas dans la mer Vermeille mais dans le golfe du Mexique… Ne serait-ce pas là un fameux exploit ?

— D'ailleurs, renchérit Pierre Moreau, qui est prêt à jurer que ce passage vers la Chine existe réellement ?

On s'épanche sur le sujet, puis Louis met fin à la conversation :

— Nous ne rentrerons pas à Québec sans savoir où se déverse ce satané Mississippi !

Et on reprend la route dans un profond silence. Chacun semble absent, plongé dans ses pensées. On ne rame plus vers la Chine. On rame désormais vers une mer inconnue, à travers un pays étrange et mystérieux.

La chaleur est lourde, torride, de plus en plus écrasante. Les arbres, les fruits, les fleurs, les oiseaux au plumage multicolore… Tout rappelle à Louis qu'ici il n'est pas chez lui. Même les poissons sont bizarres, énormes, et quand ils se cognent au canot, on sent la secousse… Mais Louis n'est pas intimidé… Non. Il éprouve le besoin vif, urgent, d'aller au bout de la rivière, de percer son secret.

Soudain, un cri strident le fait tressaillir. Il se retourne. Le jeune esclave que les Illinois lui ont offert est immobile, la bouche entrouverte et la tête baissée. Sa pagaie flotte sur l'eau et il ne s'en aperçoit pas. Il est paralysé par la peur, comme figé hors du temps.

Louis esquisse un geste vers lui quand Jean Thiberge s'exclame. Puis c'est au tour de Pierre Moreau et de Jean Plattier. Ne comprenant pas l'objet de cet étonnement, Louis se tourne vers Jacques Largillier, mais lui aussi prend un air effrayé et Marquette se signe en invoquant la Vierge. Louis lève alors les yeux et lance :

— Oh, Seigneur !

Sur les hauts rochers qui bordent le Mississippi, deux monstres terribles et menaçants sortent leurs griffes. Ils ne sont pas humains et pourtant quelque chose dans leur face tient de l'homme. Ils ont des cornes de chevreuil, une barbe de tigre et un corps vert couvert d'écailles. Leur queue est si longue qu'elle les entoure complètement, passe par-dessus leur tête et vient se terminer entre leurs jambes. Mais le plus épouvantable, ce sont leurs yeux rouges et immenses qui fixent la rivière comme pour jeter un sort à quiconque oserait les défier.

— Ces monstres sont l'œuvre du diable, marmonne Marquette... Il est impossible, vu la hauteur des rochers, que les Sauvages aient peint ces figures.

— Remarquez, enchaîne Louis, la précision du dessin... Les meilleurs peintres français ne pourraient faire mieux...

— J'ai l'impression, bredouille Pierre Moreau après un bref silence, que les démons nous poursuivent... Rappelez-vous cet horrible poisson qui nageait près des canots.

— Oui, approuve Jacques Largillier, il avait une tête de tigre, une barbe et un nez pointu comme celui des chats sauvages... Je crois même qu'il avait de grands yeux rouges...

— Je parie, poursuit Jean Plattier, que son corps se terminait en queue de poisson et qu'il était couvert d'écailles vertes.

Tandis que l'on discute de démons et que certains s'imaginent entrer dans le pays du diable, un bruit sourd et violent retient l'attention. L'eau change brusquement de couleur, elle devient brune et boueuse. Puis des arbres entiers, sortant de l'embouchure de la rivière Pekitanouï, sont emportés dans un tourbillon. L'agitation est grande, le courant redoutable et tumultueux. Les canots sont secoués dans tous les sens. On a du mal à maintenir le cap et Louis hurle de toutes ses forces :

— Un rapide ! Un rapide ! Il faut éviter le rapide !

Il s'en est fallu de peu que Louis et ses hommes ne périssent dans le rapide. Pierre Moreau, surtout, a eu très peur. Il a cru que le diable venait le chercher, qu'il allait se noyer dans les entrailles du fleuve. Il croit que la rivière est hantée par les mauvais esprits et rien ne pourra l'en dissuader. Autrement, comment expliquer la poussée de fièvre qui a pris Marquette ce soir-là ? De toute manière, ces démons ne lui sont pas étrangers. Il sait qu'ils rôdent autour de ces eaux. Chaque nuit il les voit en rêve… Dire que les Indiens l'avaient prévenu ! Pourquoi ne les écoute-t-on jamais ?

Louis redouble d'attention, car si les indications des Indiens sont justes, il approche d'un point particulièrement dangereux. On lui a raconté qu'à cet endroit, les gens sont dévorés par un monstre gigantesque qu'on entend hurler de très loin. Louis n'avale pas ces histoires. Il croit plutôt qu'il s'agit d'une chute ou d'un rapide et demande à ses compagnons d'être à l'affût du moindre bruit.

Le soleil plombe, on entend presque l'air grésiller. Marquette sue à grosses gouttes dans l'étoffe épaisse de sa soutane. La chaleur l'accable et il cherche son souffle. Louis lui propose de se reposer un peu, mais il refuse catégoriquement.

— C'est à moi de mener l'aviron, lui répond-il d'un ton sec, et je ne céderai pas ma place.

— Chut! crie Jacques Largillier. Écoutez...

Les mouvements restent en suspens. On tend l'oreille... On perçoit un bruit. Il est faible mais constant. Louis fait signe à ses camarades de recommencer à ramer. Et on rame. Le son s'intensifie au fur et à mesure que l'on avance. Il devient de plus en plus puissant. Il est assourdissant et pourtant on ne s'arrête pas. On continue à ramer en s'imaginant des scènes effroyables. On craint d'être en train de s'engouffrer dans la mort.

Un ogre... Ha! Ha! Quelle bonne blague! On rit à gorge déployée. Ce que les indigènes prennent pour un démon est en fait une petite anse où vient se déverser la rivière Ouaboukigou[1]. Le bruit est dû aux courants qui se rencontrent, se repoussent, tourbillonnent, s'entremêlent, percutent une île et repartent, unis l'un à l'autre, dans le même chenal.

La troupe réussit à vaincre l'obstacle et poursuit tranquillement son chemin. Peu à peu, le paysage se transforme. D'immenses falaises longent maintenant la rivière. Jacques Largillier croit y distinguer du minerai de fer. On aiguise sa vue, on scrute la paroi et Jean Thiberge confirme :

---

1. Appelée aujourd'hui l'Ohio.

— Le gisement est très abondant… Voyez les gros morceaux liés avec les cailloux…

Louis regarde et se réjouit que ce pays, qui dans son cœur est le sien, soit si riche.

Bientôt, les falaises disparaissent pour être remplacées par une grande quantité de roseaux. Louis n'en a jamais vu de si hauts. Il y en a tellement que les bisons ont du mal à se frayer un passage pour aller s'abreuver. L'endroit est féerique. Les hommes s'émerveillent de naviguer au milieu de ces tiges géantes et ils ne remarquent pas que les maringouins les envahissent, lentement et sournoisement.

Soudain, ils se rendent compte qu'ils sont assaillis par une horde de moustiques. Ils les chassent du revers de la main, gesticulent, se débattent… Rien n'y fait… Les bestioles forment un essaim noir au-dessus des canots et elles attaquent violemment. Elles se faufilent partout : sous la chemise, dans les cheveux, les oreilles, les yeux, la bouche et même dans les narines quand on respire. Quel fléau ! Comment s'en débarrasser ? Marquette a déjà les paupières rouges et boursouflées. Louis décide de s'abriter en se servant des voiles pour dresser des tentes au-dessus des canots.

Après avoir recouvert les deux embarcations, on se laisse aller au fil de l'eau. Puis Louis aperçoit des Indiens sur la berge. Ils ont les cheveux longs, le corps peint de diverses couleurs et ils braquent des fusils vers les canots. Louis demande à ses hommes de se tenir prêts à tirer tandis que Marquette leur parle en huron tout en brandissant le calumet de paix. Les Indiens répondent, mais personne ne comprend. Ils crient quelque chose qui ressemble à une déclaration de guerre et aussitôt les Français les mettent en joue.

— Déposez vos armes, dit Louis. Ils ne veulent pas nous combattre… Regardez.

Les indigènes ont baissé leurs fusils et font signe aux nouveaux venus de s'approcher. Des femmes se sont jointes à eux. De longues nattes encadrent leur visage et elles sont vêtues de jupes ou de robes en peau de chevreuil. Elles portent les mains à la bouche comme si elles voulaient offrir à manger aux étrangers; Louis, libéré de ses craintes, décide d'accoster.

Les Français sont immédiatement emmenés au village où ils sont heureux de trouver une hutte spécialement conçue pour lutter contre les moustiques. Il s'agit d'un plancher à claire-voie surélevé de manière que la fumée du feu qu'on fait dessous puisse passer au travers et chasser les insectes. Le tout est surmonté d'un toit d'écorce qui protège de la pluie et du soleil.

Louis est ensuite invité dans les cabanes. Là, on lui offre du bœuf sauvage, de l'huile d'ours et des prunes blanches. On lui montre aussi les plus récentes acquisitions: fusils, haches, couteaux, houes, bouteilles de verre et on lui explique qu'on les achète à l'est, chez les Européens.

— Est-ce que ces Visages pâles sont installés en bordure d'une mer? demande Louis.

— Oui… On s'y rend en moins de dix jours.

∽

La perspective de bientôt voir la mer ranime les espoirs et chacun pagaie maintenant avec plus d'ardeur. Dès le lendemain, les prairies disparaissent pour faire place à une forêt de cotonniers, d'ormes et de bois blanc.

À l'aube du troisième jour, Louis distingue un village plus loin sur la rive. Il a à peine le temps d'en aviser ses compagnons que des cris retentissent. Cette fois, il n'y a pas de doute, ce sont bel et bien des cris de guerre. Ils fusent de toutes parts. Les Français sont saisis de frayeur. Ils n'ont même pas le réflexe de s'emparer de leurs fusils. Les yeux exorbités, ils regardent les Indiens sortir de leur cachette et se précipiter vers eux en hurlant.

Louis a un élan de panique en découvrant qu'ils sont si nombreux. Il ne bouge pas, il les regarde courir. Puis le chef donne des ordres et les indigènes s'arrêtent. Ils écoutent et recommencent à crier, plus frénétiques que jamais. Ils se divisent maintenant en trois clans. Tandis que l'un reste posté sur la berge en brandissant arcs, flèches, massues et boucliers, les deux autres s'embarquent dans des canots de bois.

— Ils vont nous encercler, bredouille Pierre Moreau, terrorisé…

— Surtout, commence Louis en essayant de garder son calme, ne touchez pas aux fusils ; cela risquerait d'exciter leur ardeur… Montrons-leur que nous sommes pacifiques.

Marquette tient le calumet de paix à bout de bras et, les yeux fermés, prie la Sainte Vierge pendant que deux jeunes indigènes se jettent à l'eau pour tenter de mettre la main sur un canot, mais le courant les en empêche. Ils retournent donc sur la grève et l'un d'eux, plein d'amertume, lance une massue qui frôle la tête de Louis.

Des cris résonnent encore. Ils semblent plus puissants et plus féroces à chaque instant. Les canots de bois s'approchent, les indigènes sortent les flèches de leur carquois. Marquette brandit toujours le calumet. Sur la rive, on se prépare aussi à tirer quand un ancien pousse un cri. Il a vu le calumet.

∞

Huron, algonquin, iroquois, montagnais... Marquette connaît une demi-douzaine de langues et aucune ne peut lui servir! Il en est réduit à faire de grands gestes pour expliquer qu'il est un envoyé de Dieu et qu'il se rend à la mer quand arrive enfin un vieillard qui parle un peu illinois. Louis alors pose un tas de questions sur la mer, sur les peuplades qui habitent sur les rives et sur l'emplacement exact des établissements européens. L'ancien lui promet de l'amener à la bourgade d'Akansea[1] le lendemain. Il lui dit que là-bas il apprendra ce qu'il voudra.

Après une nuit inquiète et tourmentée, le vieil interprète et dix Indiens guident les Français vers le village des Kappas. Ils pagaient quelques heures puis deux canots viennent à leur rencontre. Le commandant est debout, il tient un calumet et chante pour souhaiter la bienvenue aux étrangers. Il se dirige tranquillement vers eux et, en gage d'amitié, les invite à fumer.

Au village, une place tapissée de nattes de jonc a été préparée pour les Français. Ils s'y assoient, puis les anciens s'installent et bientôt toute la population s'y

---

1. Qui a donné son nom à l'État de l'Arkansas.

agglutine. Louis remarque que les femmes sont couvertes de peaux, mais que les hommes vont complètement nus. Ils ont les cheveux courts, le nez et les
oreilles percés afin de porter des bijoux de coquillages.

On fume le calumet et le chef confie à Louis que
la mer n'est pas loin, à six ou sept jours. Il ne connaît
pas les nations qui l'habitent, car ses ennemis bloquent
le passage pour l'empêcher de commercer avec les
Espagnols. Aussi lui conseille-t-il vivement de ne pas y
aller, au péril de sa vie. La tribu qui occupe la rivière
est belliqueuse, elle a beaucoup de fusils et n'hésite pas
à les utiliser.

Pendant que Louis et le chef discutent, on
apporte de la sagamité, du blé entier et du chien dans
de grands plats de bois, et chacun se sert à sa guise. Le
festin se poursuit toute la journée. Le soir venu, Louis
s'éclipse. Il a besoin d'être seul pour réfléchir. Devrait-
il pousser plus avant l'exploration ? La question est
délicate. Il s'interroge, hésite, pèse le pour, le contre,
demande l'avis de Marquette et déclare finalement :

— Nous savons que le Mississippi se déverse dans
le golfe du Mexique qui se trouve à 32 degrés 60 minutes… En poursuivant notre route, nous perdrons
peut-être le fruit de notre voyage. Personne ne saura
ce que nous avons découvert si nous nous jetons entre
les mains des Espagnols ou si nous périssons sous les
balles des Sauvages. Nous avons trouvé ce que nous
cherchions. Demain, nous repartons pour Québec.

7

Le naufrage

La troupe a quitté Akansea le 17 juillet 1673. Le retour est difficile, les hommes rament à contre-courant et ils sont exténués. Pour la première fois depuis le début du périple, ils réalisent à quel point ils se sont éloignés de chez eux. Ils avancent lentement, péniblement vers Québec, leur ville devenue inaccessible.

On fait halte à la baie des Puants la dernière semaine de septembre. On se détend, on fume, on mange un peu, mais on ne parle pas. L'atmosphère est lourde, le silence chargé d'émotion. Ce moment marque la fin de l'expédition. Les hommes commencent à se séparer. Bientôt, chacun ira de son côté et la vie reprendra son cours normal.

Bibliothèque Nationale du Québec. Gravures Massicotte, 38-19.

Voyageurs descendant des rapides.

— Mes frères, le moment est venu de nous quitter... Marquette tousse un peu et poursuit... Ce voyage a été extraordinaire... Sachez que je ne vous oublierai jamais. Vous serez toujours là, ajoute-t-il en se frappant la poitrine et en refoulant ses larmes, présents dans mon cœur.

Louis va lui donner l'accolade et lui demande s'il est sûr de son choix. Le jésuite acquiesce. Il a promis aux Illinois de les évangéliser et il ne reculera pas. Louis sourit et pourtant une bouffée de tristesse l'envahit. Marquette est si maigre et si pâle... Quand il le regarde, il revoit Adrien et il doute que le jésuite survive à l'hiver.

Louis essaie de prendre un air joyeux pour formuler ses adieux, mais le timbre de sa voix le trahit. Une boule grossit dans sa gorge. Il est poignant de se trouver devant un ami pour la toute dernière fois. C'est comme si une partie de soi s'en allait avec l'autre. Marquette devine ses pensées et lui assure qu'ils se reverront :

— Si ce n'est pas dans ce monde, ce sera au royaume des cieux.

Sur cette phrase, il lui tourne le dos et s'éloigne. Jacques Largillier l'accompagne et Louis les regarde s'enfoncer dans les couleurs flamboyantes de l'automne.

∽

Louis est confiné à la mission du Sault-Sainte-Marie jusqu'au printemps. Il a hâte d'être à Québec, en train de raconter ses découvertes. Il lui tarde aussi d'apprendre ce qui s'est passé pendant son absence. Déjà, on lui parle d'un nouveau fort construit sur la rive nord du lac Ontario : le fort Frontenac, commandé par Cavelier de La Salle... Que de choses ont dû changer en deux ans !

Au fil des semaines, les journées s'allongent, l'air s'adoucit et la neige fond petit à petit. Louis a presque terminé la carte de la vallée du Mississippi. Il a tout noté : les cours d'eau, les rapides, les tribus, l'emplacement des mines de fer ; il a même dessiné des troupeaux de bisons dans les prairies. Il met aussi la dernière main à son journal de bord. Il fouille dans ses souvenirs, se remémore paysages et anecdotes, décrit les rencontres avec les indigènes.

L'esclave qu'il a reçu des Illinois grandit à vue d'œil. Ce garçon est doté d'une rare intelligence. En quelques mois, Louis lui a appris à parler le français, à le lire et à l'écrire. Il en est très fier et il a commencé à lui enseigner les manières de la bonne société pour le présenter au gouverneur dès son arrivée à Québec.

Québec... deux syllabes qui suffisent à ranimer mille et un visages dans son esprit. Que sont devenus ses proches et ses amis depuis son départ ? Pierre Francheville est-il encore le secrétaire de Mgr de Laval ou a-t-il enfin été ordonné prêtre ? Et Zacharie ? Est-il marié ? Il lui tarde de les revoir.

À la mission, des rumeurs veulent que François Bissot, le propriétaire de la tannerie de Pointe Lévy, soit décédé. Bissot... Ce nom éveille en lui, non pas l'image du commerçant, mais celle de la jeune fille. Il se surprend à rêver à Claire-Françoise, à ses yeux azur, à sa bouche vermeille et à son joli sourire. Il n'a pas oublié une seule seconde de leur rencontre et il revoit la scène dans les moindres détails : gestes, paroles, regards... Rien ne lui échappe et, à force d'y penser et d'y repenser, le sentiment qu'il a éprouvé à ce moment-là lui revient dans toute sa vivacité.

Claire-Françoise... Quel âge a-t-elle aujourd'hui ? Dix-sept ans ? Dix-huit, peut-être ? Il songe à quel point elle doit être belle et il se demande qui elle a épousé. Sûrement un des hommes riches et influents de la colonie ! En les faisant défiler dans sa tête, il essaie d'imaginer Claire-Françoise avec chacun d'eux... Ces visions l'agacent, l'irritent. La jalousie s'insinue en lui et il comprend qu'il est amoureux.

∞

Le printemps est de retour et Louis ne tient plus en place. Il attend ce jour depuis des mois. Son canot est chargé de peaux de castor, d'objets rapportés du Mississippi et d'un précieux sac dans lequel il conserve son journal de bord et sa carte. La dernière semaine du mois de mai 1674, il peut enfin prendre place dans son canot. Il est accompagné du jeune Illinois, de Simon et de Mathieu, deux canotiers qu'il a rencontrés à la mission pendant l'hiver.

Louis se dépêche de rentrer à Québec. Quelque chose le tenaille ; c'est comme si une force viscérale le pressait, le poussait à faire vite, et il lui obéit, aveuglément. Est-ce le souvenir de Claire-Françoise, la hâte de revoir les siens ou le désir urgent de raconter la découverte du Mississippi ? Il ne sait trop, mais il ne se sentira bien qu'une fois arrivé à destination.

Lors de son périple sur le Mississippi, Louis a pris beaucoup d'assurance. La navigation sur le Saint-Laurent lui semble maintenant sans danger. Il ne craint ni les chutes ni les rapides et il prend parfois des risques considérables pour éviter les portages.

∾

On rame depuis l'aube sans avoir vraiment pris le temps de se reposer. Le jeune Illinois a du mal à soutenir le rythme. À chaque coup de pagaie, ses bras s'amollissent. Il a faim et chaque effort lui donne un haut-le-cœur. Il se sent faible, sans énergie. Si ce n'était que de lui, il lâcherait tout et laisserait l'embarcation dériver.

Absorbé dans ses pensées, Louis ne se rend pas compte que le jeune garçon est fatigué. Plus il approche de son but, plus Claire-Françoise est présente dans son esprit. Comment a-t-il pu quitter Québec sans lui demander sa main, sans même tenter de la revoir ? Il songe à ce qu'il lui dira quand il se retrouvera face à elle, et il rame, rame vers son bonheur.

∾

Louis est étonné d'être déjà à Lachine. Il a filé comme une flèche. Simon et Mathieu, eux, se plaignent d'avoir des ampoules plein les mains, mais ils sont fiers d'avoir parcouru autant de chemin en si peu de temps. Ils ont hâte de raconter leur exploit aux gars de l'auberge. Tout en menant l'aviron, Louis leur donne des consignes :

— Préparez-vous à passer le sault Saint-Louis.

Le sault Saint-Louis ? Les pagayeurs restent interdits, ils ne sont pas certains de vouloir se livrer à une telle prouesse :

— Ne serait-il pas préférable de faire un portage ?

Louis les rassure en leur expliquant une technique pour descendre les rapides. Simon et Mathieu sont perplexes… Beaucoup de naufrages ont eu lieu à cet endroit… Ils acceptent de risquer le tout pour le tout, puis se rétractent, cogitent, hésitent et, avant qu'ils aient pu se décider, l'embarcation est emportée par le courant. Simon et Mathieu inspirent profondément, un éclair de panique traverse leur regard quand ils s'aperçoivent qu'il est trop tard. Ils se dirigent vers les rapides à une vitesse folle.

Des sueurs froides leur coulent le long du dos. Pourquoi n'ont-ils pas fait un portage ? Simon regrette d'être là, dans ce canot. Mathieu, lui, se console en se disant que bientôt ce moment ne sera plus qu'un mauvais souvenir. Ils entendent le bruit dur, fracassant des vagues qui heurtent les rochers. L'eau éclabousse, leur brouille la vue, et ils rament aveuglément vers ce point où le fleuve s'enfonce en enfer. Ils ignorent où ils puisent la force pour lutter contre ce flot violent, ce flot qui semble les emmener droit à la mort.

La voix de Louis réussit à percer le tumulte des rapides et elle les guide à travers ce dédale d'obstacles. Simon s'y s'accroche avec l'énergie du désespoir. Mathieu essaie de se calmer et de suivre les directives. Ils voient que Louis maîtrise la situation et ils sont soulagés.

Devant eux, le rapide gronde. Il suffit maintenant d'éviter le rocher qui se trouve juste là, sur leur chemin, et d'affronter ce mur de vagues. Le jeune Illinois rame toujours. Il voudrait vaincre le mouvement infernal du fleuve et orienter le canot dans la bonne direction. Il enfonce l'aviron et pousse bien fort en serrant la mâchoire. Le courant lui résiste et il pousse avec encore plus d'ardeur, mais ses bras sont faibles... Il ne les sent plus, il a du mal à tenir sa pagaie. Elle lui glisse des mains. Il se penche pour la rattraper, mais elle lui échappe, s'éloigne. Il s'étire davantage et, tandis que l'on attaque la vague, l'embarcation tangue. Impossible de rétablir l'équilibre.

Le canot s'incline vers la gauche, puis vers la droite, revient à gauche et tout d'un coup bascule. Louis n'a pas le temps de réaliser ce qui lui arrive. Il est projeté dans l'eau froide et happé par un tourbillon. Il se démène pour remonter à la surface, mais les flots le submergent, l'aspirent. Il voudrait prendre pied, se propulser hors de l'eau, respirer. Hélas, le remous le secoue tellement qu'il ne distingue plus le haut du bas. Il est perdu! Il cherche son souffle, avale de l'eau, il se dit que son heure est venue.

Puis il touche le fond. C'est un miracle! Il a réussi à poser le pied sur du roc, il ignore comment... Autour de lui, le fleuve se déchaîne, veut l'engloutir dans ses entrailles. Louis maintient difficilement sa tête à la surface. Malgré le bruit assourdissant, il perçoit des cris étouffés. Un peu plus loin, Simon se débat. Il voit ses mains qui s'agitent désespérément en l'air comme si elles cherchaient quelque chose à quoi s'agripper et il voit aussi le rocher. Le choc est inévitable. Louis hurle «Attention!», mais le crâne de Simon heurte déjà l'écueil de plein fouet. Le corps inerte ballotte, puis repart emporté et immergé par le courant. Louis ne bouge pas. Il cherche Mathieu du regard, ne le trouve pas et reste là, incrédule, rempli d'effroi.

Des cris résonnent encore dans ses oreilles. Il croit entendre l'écho de sa propre frayeur quand il reconnaît son nom. Il tourne la tête. Le jeune Illinois est accroché à un rocher, ses doigts crispés glissent sur la paroi. Il va bientôt lâcher prise, s'engouffrer lui aussi dans les eaux. Louis s'égosille :

— Tiens bon… Je suis là… Je vais t'aider !

Mais comment le secourir ? Comment vaincre ce flot infernal et nager jusqu'à lui ? Il se sent seul, dépourvu, impuissant. Une grande détresse s'empare de lui. Il doit sauver le gamin. Que peut-il faire ?

L'enfant laisse échapper un gémissement. Il n'arrive plus à rester cramponné au rocher, il dérape de plus en plus. Louis réussit à attraper une branche. L'enfant continue à glisser. L'angoisse et le désarroi se lisent dans ses yeux. Il implore son maître du regard une dernière fois et il tombe. Aussitôt, Louis lui tend la branche ; le garçon parvient à la saisir, mais le courant tente de l'entraîner dans sa fougue et il a du mal à résister. Il serre le rameau très fort dans sa main. Louis aussi lutte pour ne pas perdre pied. Il tient la perche, essaie de la tirer vers lui. Il sait que, s'il perd l'équilibre ne serait-ce qu'un instant, le gamin et lui courent à une mort certaine.

Dès que l'Illinois ouvre la bouche pour inspirer, il avale de l'eau. Il se débat pour garder la tête à la surface. Il cherche de l'air. Si au moins il pouvait respirer… une infime bouffée d'air dans ses poumons. Il y a longtemps qu'il n'a pas respiré, si longtemps. Ses membres sont engourdis. Il ne sent plus son corps, presque plus. Il lui semble entendre la voix de Louis, mais il n'en est pas sûr. Il s'agrippe à la branche quelques secondes encore puis il la lâche sans même s'en rendre compte. Le flot enragé du fleuve ne tarde pas à le prendre et à l'emporter dans ses profondeurs.

Louis voit le gamin s'éloigner puis disparaître dans la houle. Il est ahuri, terrorisé. Pendant un moment, il a vraiment cru pouvoir le sauver et maintenant il ne sait plus... Il ne sait plus s'il nage en plein cauchemar ou si la réalité est à ce point horrible. Il aimerait tant se réveiller, sortir de ce rêve insensé. Il ferme les yeux, le visage de l'Illinois apparaît clairement dans son esprit. Un enfant si jeune... Comment? Pourquoi? L'injustice gronde et il crie, il hurle sa peine et sa douleur.

Les heures passent... Louis a l'impression que le courant est toujours plus violent; résister devient au-dessus de ses forces. La mort est près de lui, douce et englobante. Il serait si facile de se laisser aller. Oui... Dans quelques minutes, il ne sera plus de ce monde. Il pense à sa dépouille au fond des eaux, à son Mississippi qui sombrera avec lui et il ressent le goût amer de la défaite. Il refuse de s'avouer vaincu. Dans un ultime élan de désespoir, il rassemble son énergie et prie. Il prie pour rester en vie, il prie pour combattre la mort, il prie... Il prie jusqu'à ce que ses oreilles bourdonnent... Il prie jusqu'à ce que sa vue se brouille et s'obscurcisse. Puis il ferme les paupières et, à l'intérieur, c'est comme un kaléidoscope qui l'emmène vers un ailleurs.

Louis est plongé dans le noir. Il a froid, son corps est transi, paralysé. Il tend l'oreille, essaie de capter un son, un mouvement, mais rien. La mort est vide et glaciale. Seuls les démons rôdent autour de lui et l'épient. Leur souffle âcre effleure son visage et il frissonne d'effroi. Il doit être en enfer... ou peut-être dans ce pays étrange dont lui a parlé l'Illinois ? Un pays où se rassemblent les esprits des défunts... Quoi qu'il en soit, ses membres sont lourds comme de la pierre, il ne les sent pas. Il se demande s'il a déjà quitté son corps. Peut-être n'est-il plus qu'une âme perdue ?

Soudain, un bruit... Un plancher craque... Des pas... Des pas qui viennent vers lui... Une porte qui grince... Une lueur dans le noir. Une flamme qui brille, vacille... Un bougeoir, une main et un visage qui le regarde.

— Vous avez enfin ouvert les yeux, dit une voix bienveillante... Nous commencions à nous inquiéter... Voilà trois jours que vous êtes ici, à l'Hôtel-Dieu de Montréal, inconscient.

La dame pose le bougeoir sur la table de chevet et déplie la couverture qu'elle tenait sous le bras. Elle est plutôt grassouillette ; sa figure ronde, potelée, lui donne un air tendre et maternel.

— La nuit est froide... Je vous ai apporté une couverture supplémentaire.

Après l'avoir étendue, elle mouille une serviette dans une bassine d'eau et l'essore.

— Vous avez de la chance qu'un pêcheur vous ait retrouvé, commence la dame en épongeant le visage de Louis... Quand il vous a sorti des eaux, vous étiez froid et livide. Le pauvre homme vous a cru mort... Il ne s'aventure jamais dans cette partie du fleuve et Dieu seul sait pourquoi il y est allé ce jour-là. Vous pouvez lui rendre grâce...

Tandis que la femme parle, Louis l'observe plus attentivement. Il n'avait remarqué ni sa robe ni sa cornette... C'est donc vrai! Il est à l'hôpital, en présence d'une religieuse... Et dire qu'il se croyait mort! Il voudrait remercier la nonne, mais sa voix reste coincée dans sa gorge. La sœur esquisse un sourire, pose gentiment sa main sur son front brûlant:

— Vous aurez amplement le temps de raconter votre histoire... Pour l'instant, reposez-vous...

8

Une grande nouvelle

Louis descend quatre à quatre les escaliers qui mènent à la basse ville de Québec. Il vient de rencontrer le gouverneur et il est impatient d'annoncer la bonne nouvelle à son épouse… Il y a si longtemps qu'il n'a pas entrepris un véritable voyage… Voilà cinq ans qu'il est revenu du Mississippi et il s'étonne d'être encore ici, de ne pas être reparti pour de nouveaux horizons… L'amour, il n'y a pas de doute, a su étancher sa soif d'aventures.

Il est heureux d'avoir une famille, lui qui croyait être un grand solitaire. Il songe à sa femme, à ses deux fils, et il presse le pas, décidé à les rejoindre au plus vite. Il doit être environ onze heures, car le marché vient juste de fermer. Quelques marchands se tiennent

Plan original au Service historique de la Marine à Vincennes. Copie photographique aux ANQ-Québec.

Vue de Québec extraite de la *Carte de l'Amérique septentrionalle* de Jean-Baptiste Franquelin (1688).

encore derrière leur étal et vantent d'une voix puissante la qualité de leurs produits tandis que d'autres remplissent leur charrette pour aller vendre le reste de leurs produits de porte en porte.

Tout en se frayant un passage au milieu de la foule, Louis ferme les yeux et hume ce bouquet d'odeurs qu'il aime tant. S'il avait à décrire l'âme de Québec, il parlerait de ses senteurs. Il raconterait la terre humide, le foin, les chevaux, les cheminées qui fument, le pain qui cuit, le fleuve, les poissons et les poules qu'on vend au marché et aussi les parfums exotiques qui arrivent avec les navires venus de loin…

Louis s'engage sur la Canardière. Le chemin est bondé de femmes qui, panier de provisions au bras, jacassent tout en rentrant chez elles. Il les salue en soulevant légèrement son chapeau. Il marche rapidement jusqu'à la rue Sous-le-Fort. Là, il tourne à gauche, passe devant *À la ville de La Rochelle*, le commerce que Pierre Niel a baptisé ainsi en souvenir de sa ville natale, puis continue toujours tout droit et s'arrête au bout de la rue, devant la porte de sa demeure.

Il entre précipitamment. La pièce est chaude, car le foyer de pierres plates est allumé. La marmite est sur le feu et il s'en dégage un fumet de poisson très agréable. Claire-Françoise a mis le couvert et posé sur la table le pain de froment qui accompagne la soupe. Elle vient de coucher Charles et est encore accroupie devant le berceau à le regarder dormir. En entendant la porte claquer, elle se retourne.

— Comme ça sent bon ! s'exclame Louis en guise de bonjour.

Heureux que son père soit arrivé, le petit Louis, âgé de trois ans, le prie aussitôt de regarder sa nouvelle prouesse et, à califourchon sur son cheval de bois, il feint d'agiter les rênes en criant : « Hue ! Hue ! » Louis le prend dans ses bras et l'embrasse.

— Tu feras un excellent cavalier, le meilleur de la Nouvelle-France !

Puis il le repose sur le sol et l'enfant continue à jouer.

— Alors, demande Claire-Françoise dont l'intonation trahit la curiosité. Pourquoi le gouverneur voulait-il te voir ?

Louis retire son manteau, le suspend à un crochet et va s'installer nonchalamment sur sa chaise. Claire-Françoise le suit, impatiente de lever le voile sur ce mystère. Elle s'assied sur le bout du siège et observe son mari bourrer sa pipe.

— Louis, cesse de me faire languir et raconte-moi...

Louis sourit de voir son épouse s'agiter ainsi.

— M. de Frontenac, commence-t-il, était avec Charles Aubert de La Chesnaye et Josias Boisseau.

— Josias Boisseau, répète Claire-Françoise en fronçant les sourcils... N'est-ce pas l'agent général de la Ferme du roi ?

Louis acquiesce d'un signe de tête, allume sa pipe, en tire une bouffée et, après avoir expiré la fumée, poursuit :

— Il est intervenu auprès du gouverneur pour m'envoyer explorer la baie d'Hudson.

Il se tait et attend la réaction de sa femme. Claire-Françoise semble ne pas comprendre :

— La baie d'Hudson ! s'étonne-t-elle. Mais… les Anglais ne se sont-ils pas installés là-bas ?

— Justement… Je suis chargé de rendre compte de leurs activités et surtout de m'assurer qu'ils ne s'emparent pas du commerce des fourrures.

— En somme, l'interrompt Claire-Françoise avec une pointe de reproche dans la voix, ils ne t'ont pas demandé d'explorer la baie d'Hudson, mais plutôt d'espionner les Anglais.

— Ce n'est pas qu'une simple mission d'espionnage, réplique Louis, je dois aussi créer des alliances avec les Sauvages et, bien sûr, j'en profiterai pour faire la traite avec eux.

Claire-Françoise se lève. Elle va à la fenêtre, s'accote au mur et, les bras croisés sur la poitrine, suit des yeux une vieille dame qui passe dans la rue. Puis elle se tourne vers son mari et, sur le ton de la confidence, lui dit :

— Cette histoire cache quelque chose… Méfie-toi de ce Josias Boisseau… Cet homme est cupide, envieux, violent et prêt à tout pour parvenir à ses fins… Il l'a prouvé… à plusieurs reprises. On dit qu'il a une épouvantable réputation en France.

— Ma douce… Depuis quand te soucies-tu des ragots du dimanche ?

— Tu as raison, soupire Claire-Françoise en regardant dehors, ce ne sont peut-être que des rumeurs… N'empêche, ajoute-t-elle brusquement, qu'il aimerait bien se débarrasser de toi, ce Boisseau… Tu le gênes dans ses affaires. Sans toi, il contrôlerait presque la totalité du commerce des fourrures…

Elle se tait, secoue légèrement le tablier qu'elle porte à la taille, puis fait mine de frotter une tache sur sa chemise et reprend, l'air acerbe :

— Et M. de Frontenac... L'aurais-tu oublié ? Tu sais bien qu'il te considère comme son ennemi ! C'est étrange qu'il veuille t'envoyer si loin juste au moment où il s'associe avec Boisseau... C'est un complot, Louis... Ça crève les yeux ! Ils profiteront de ton absence pour prendre ta place et, quand tu reviendras, le marché des peaux de castor sera à eux...

— Tu te fais bien des idées... et tu oublies que l'automne dernier, le 26 octobre 1678, j'ai été convoqué au château Saint-Louis pour donner mon avis sur la traite de l'eau-de-vie... J'aurais pu m'allier à Mgr de Laval et m'immiscer dans la querelle qui l'opposait au gouverneur en me prononçant contre la vente d'alcool aux Indiens... Il aurait ainsi eu une bonne raison de croire que j'étais son ennemi. Mais il n'en fut rien. Je n'ai pris aucun parti et j'ai dit ce que je croyais juste... Ne te rappelles-tu pas ? J'étais d'avis qu'on devrait interdire le transport de l'eau-de-vie dans les bois et en distribuer seulement dans les maisons en évitant toutefois d'enivrer les Sauvages... C'est horrible, ce que certains Français font boire aux Indiens quand ils vont commercer dans leurs villages... Ce n'est pas de l'eau-de-vie, ni de la bière ou du cidre... Non, soupire Louis en portant la pipe à ses lèvres, c'est un mélange infect de bière domestique, de blé ou d'orge fermenté et de racines bouillies. Quel spectacle pitoyable de voir hommes, femmes, vieillards et enfants se soûler de la sorte, avec une boisson qu'on ne donnerait même pas à un chien. Il s'ensuit des scènes épouvantables, effroyables... Je n'ose imaginer que l'enfer puisse être pire! Lorsqu'ils sont sous l'effet de l'alcool, le diable s'empare de leur corps et ils deviennent fous... J'ai déjà vu des frères s'entretuer à coups de hache, un père de famille brûler sa hutte sans se soucier de sa femme et de ses enfants qui étaient à l'intérieur, un jeune garçon jeter sa mère dans le feu et un père assassiner son propre fils... Mais le plus abominable, ce sont les Français qui viennent les enivrer et qui profitent de cette sinistre ivrognerie pour voler leurs fourrures et les dépouiller de leurs biens avant de se sauver en laissant la bourgade à feu et à sang!

Louis tire une bouffée de sa pipe et souffle lentement la fumée. Claire-Françoise l'a souvent entendu raconter ces atrocités et, chaque fois, elle perçoit une pointe de révolte dans sa voix. Elle quitte la fenêtre, va vers son mari et pose la main sur sa tête comme pour l'apaiser. Louis ne parle plus, il écoute la respiration de sa femme, le claquement de langue de son fils qui imite un cheval au trot, le crépitement du feu dans la cheminée. La pièce est calme et il reste là un moment, plongé dans le silence, puis Claire-Françoise reprend la discussion:

— Crois-tu vraiment, demande-t-elle gentiment, être revenu dans les grâces de M. de Frontenac pour ne pas avoir pris la défense de Mgr de Laval?

— Bien sûr que non, marmonne Louis, la pipe entre les dents, mais il s'est aperçu que je me tenais à l'écart des disputes et que je n'appartenais à aucun clan... De toute manière, il déteste tous ceux qui adressent la parole aux jésuites... Qu'y puis-je, moi, si mes amis sont ses adversaires politiques? Faudrait-il que je leur tourne le dos comme l'a fait Cavelier de La Salle et

que, pour obtenir quelques missions, je renie mes bien-
faiteurs ? Jamais je ne pourrai me montrer si ingrat !

Claire-Françoise se dirige vers la cheminée et saisit une louche pour remuer la soupe :

— Quel être infâme, ce M. de Frontenac,
maugrée-t-elle... Je lui en veux encore de ne pas avoir
appuyé notre requête auprès du roi. S'il l'avait fait,
nous aurions eu une concession au pays des Illinois et
nous serions déjà sur les rives du Mississippi à cultiver
la terre.

— Oui, répond Louis songeur, il nous aurait fallu
seulement vingt hommes et je suis persuadé qu'au
moins une centaine aurait voulu nous suivre, car là-bas,
on ne perd pas dix ans à défricher une terre, on y met
une charrue immédiatement...

Claire-Françoise goûte la soupe du bout des
lèvres, hume une dernière fois la vapeur qui se dégage
de la marmite et retourne s'asseoir auprès de son
époux.

— Je comprends, poursuit Louis, que le roi préfère augmenter la population du Canada avant d'établir
d'autres colonies. La Nouvelle-France sera plus puissante si la population se concentre le long du Saint-
Laurent... Mais si telle est sa politique, lance-t-il en
haussant le ton, pourquoi a-t-on donné à Cavelier de
La Salle ce qu'on m'a refusé l'année précédente ?

— Tant qu'il sera le protégé de M. de Frontenac,
La Salle obtiendra tout ce qu'il voudra. Il est d'ailleurs
assuré d'être nommé seigneur des terres qui bordent le
Mississippi... C'est pourtant toi le premier à être allé
dans ce pays ! C'est injuste ! s'exclame Claire-
Françoise, rouge de colère.

— Je sais, dit-il en posant la main sur celle de sa femme, mais si je fais ce voyage à la baie d'Hudson, les autorités ne pourront pas me refuser la concession des îles de Mingan et d'Anticosti. Nous y installerons une énorme pêcherie, la plus importante de la Nouvelle-France, et ensuite... qui se souciera de Boisseau et de son commerce de fourrures ?

Claire-Françoise sourit ; Louis contemple son visage rieur, légèrement parsemé de taches de rousseur, ses grands yeux bleus, ses cheveux châtain clair relevés en chignon derrière la tête et il s'attendrit, sans trop savoir pourquoi, à la vue des quelques mèches rebelles qui se sont échappées et qui lui donnent un petit air espiègle.

— Quand pars-tu ? lui demande-t-elle, sachant fort bien qu'il est impatient de prendre l'aviron.

Elle ignore si un jour elle comprendra ce besoin d'aventure, cette force irrésistible qui le pousse à quitter le nid familial pour parcourir des terres inconnues.

— Dans deux semaines... J'ai fixé la date au 13 avril de cette année, 1679.

— Combien de temps seras-tu absent ? demande-t-elle en posant les mains sur son ventre.

— On ne peut pas vraiment prévoir... Ce genre d'expéditions, tu sais...

Soudain, il s'interrompt et regarde Claire-Françoise. Ses mains... son ventre... son sourire... son troisième enfant !

— Tu en es sûre ?

— Oui... Je ne voulais pas t'en parler avant d'en être certaine. Il devrait naître en octobre, ajoute-t-elle en levant les yeux vers son mari.

— Alors, je serai de retour en octobre, coûte que coûte !

Louis va vers son épouse et la serre très fort dans ses bras.

— Nous l'appellerons Françoise en ton honneur.

— Et si c'est un garçon ? ricane-t-elle.

— Si c'est un fils... Eh bien, François ! Parbleu !

9

Un espion chez les Anglais

L ouis a remonté le Saint-Laurent jusqu'au Saguenay, puis il a traversé le lac Saint-Jean, emprunté la rivière Mistassini, la Marte, bifurqué sur la Némiskau[1] et il arrive bientôt à la baie d'Hudson. La route a été longue et plus ardue qu'il ne le croyait. Il a compté cent vingt-deux portages depuis son départ de Québec et, chaque fois, l'effort a été terrible. Les promontoires qui longent la berge sont tellement abrupts et rocailleux qu'ils rendent le passage presque impossible. Il n'est pas aisé de garder son équilibre en marchant avec un canot sur les épaules ou en transportant la cargaison.

1. La rivière Rupert.

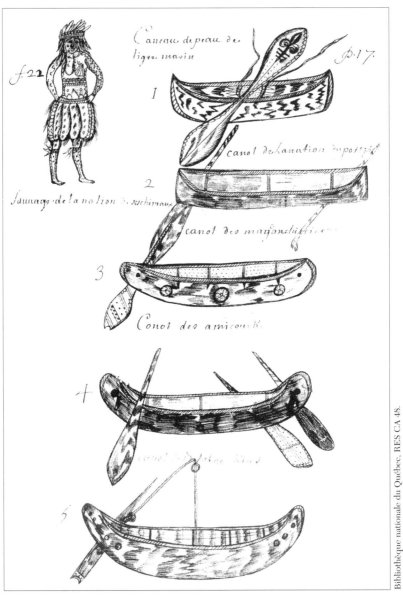

Bibliothèque nationale du Québec, RES CA 48.

Représentation d'un Esquimau et de plusieurs canots
utilisés par les peuples amérindiens.
Illustration tirée d'un fac-similé du *Codex canadiensis*,
album manuscrit de la fin du XVIIe siècle attribué à Louis Nicolas.

Des cailloux roulent sous les pas et on finit par perdre pied. Combien de chutes, d'écorchures ? Combien de sacs de provisions ont dévalé la pente ?

Louis ne s'était jamais aventuré si loin vers le nord. Le pays est froid, hostile, tout de roche et de conifères. Les flots sont gris, agités, et le fond est parsemé de grosses pierres. Les manœuvres sont compliquées. Il faut être extrêmement vigilant. Le canot a déjà été percé en se faufilant parmi les écueils. Zacharie, le jeune frère de Louis, a réussi à le réparer et, le lendemain, on a pu le remettre à l'eau.

Louis se félicite d'avoir choisi huit hommes forts et téméraires pour l'accompagner. Presque tous ceux qui ont tenté ce périple avant lui ont abandonné en cours de route. Le père Albanel est un des seuls qui se soit rendu jusqu'au bout. Mais le pauvre homme était si épuisé lors de son arrivée à la baie d'Hudson qu'il a dû demander asile aux Anglais, incapable d'affronter le chemin du retour. On l'a aussitôt pris pour un traître et fait prisonnier. Le jésuite a été piégé dans ces terres de glace pendant des mois, puis expédié en Angleterre comme une vulgaire marchandise... Réserve-t-on le même sort à Louis ? Qui sait... Il n'aurait peut-être jamais dû partir...

— Monsieur Jolliet, voyez ! crie Étienne Lessart... On croirait le ressac de la mer !

D'un seul coup, Louis émerge de ses pensées. Il est au pied d'un cap argileux et le canot est ballotté par le mouvement de la marée. Il se réjouit :

— Doublons le cap ! La baie ne doit pas être loin !

À ces mots, les hommes rament de plus belle et la baie ne tarde pas à leur apparaître, calme et gorgée de soleil comme une mer du sud. Louis sourit. Il est enfin arrivé à destination. Il porte la main en visière au-dessus des sourcils et scrute l'horizon. En face, il y a cette immense étendue d'eau et, de chaque côté, des pins, des cèdres, des forêts noires, vastes et silencieuses.

— Le fort Charles est là, s'exclame-t-il en désignant un bâtiment, à peine à une lieue !

On reste là, bouche bée, les yeux rivés sur le fort, ne sachant plus trop que faire ni que dire. On attend que quelqu'un sorte... Mais le temps s'écoule et personne ne se montre. Bientôt, le courant entraîne le canot juste devant le fort, et toujours la même désolation... Aucun bruit... Aucun mouvement... L'endroit a-t-il été abandonné ?

— Quoi qu'il en soit, ces gens ne craignent pas une attaque, lance Pierre Le Mieux en considérant le carré de pieux chancelants qui protège la construction... Monsieur Jolliet, si vous m'y autorisez, je pars en reconnaissance...

— Nous ne pouvons débarquer sans être vus, explique Louis. Les Anglais croiront que nous voulons les surprendre... Zacharie, ajoute-t-il en se tournant vers son frère, tire un coup de fusil pour manifester notre présence.

Zacharie charge son arme, appuie sur la détente et le son se répercute dans l'air, reste en suspens un moment, puis le silence retombe. Les voyageurs observent le fort, tendent l'oreille, retiennent leur souffle et soudain ils sursautent... La détonation provient de l'autre rive. Guillaume Bissot risque un coup d'œil :

— Ce sont trois Anglais à la chasse, murmure-t-il.

Louis regarde derrière son épaule. Il est trop loin pour distinguer les visages, mais il voit les silhouettes qui courent sur la berge et agitent les bras en criant. Pierre Le Mieux aussi les observe.

— Ils se sont laissé duper par nos vêtements en peaux de caribou tannés… Ils nous prennent pour des Indiens, ricane-t-il, et nous parlent en sauvage !

— Leur barque s'est échouée à cause de la marée basse, dit Étienne Lessart. Ils croient que nous venons pour la traite des fourrures et ils veulent que nous leur fassions passer la rivière.

— Ne perdons pas de temps, conclut Louis en saisissant sa pagaie. Allons-y !

Tandis que les canotiers amorcent la traversée, les Anglais avancent sur la batture pour venir à leur rencontre. L'un d'eux précède ses camarades de plusieurs pas et, à mesure qu'il s'approche, un doute s'empare de lui. Il ralentit, allonge le cou, plisse les yeux puis, lorsqu'il est sûr que les nouveaux arrivants ne sont pas des Sauvages mais des Blancs, il fait demi-tour et, pris de panique, court alerter les autres. Louis, les mains en cône autour de la bouche, s'époumone :

— N'ayez crainte ! Nous ne vous voulons pas de mal !

Mais plus il crie, plus l'Anglais est effrayé ; il se sauve à toutes jambes vers les siens qui, eux aussi, font mine de vouloir rebrousser chemin. Redoutant qu'ils ne disparaissent tous dans les bois, Louis s'égosille :

— Nous sommes Français ! Fran-çais… Je me nomme Louis Jolliet ! Jol-li-et !

Au moment où il ne l'espérait plus, l'Anglais s'arrête face à ses compagnons. Ils se concertent puis se dirigent tranquillement vers les Français qui sont en train d'accoster.

Louis débarque et, sourire aux lèvres, s'empresse de se présenter aux Anglais. Il donne à chacun une poignée de main en articulant lentement son nom. Il se risque ensuite à formuler une phrase complète, mais ses interlocuteurs le fixent, l'air ébahi. Puis l'un d'eux prend la parole et bredouille quelques mots de français. Louis et ses hommes essaient de décrypter ce qu'il dit… Hélas! Malgré toute leur bonne volonté, ils ne comprennent guère… Louis s'impatiente… S'il ne parvient pas à communiquer, sa mission tombe à l'eau! Il s'éloigne un peu du groupe et réfléchit. Il passe en revue les langues qu'il parle: français, algonquin, montagnais, un peu d'illinois, un peu d'iroquois, grec et latin… Latin! Oui… Si l'Anglais a appris un peu de français, il doit à coup sûr connaître le latin.

Louis ne s'est pas trompé. L'Anglais s'exprime dans un latin impeccable et il discute maintenant avec lui dans le canot qui fait route vers le fort. Soudain, l'Anglais l'interrompt en posant la main sur son épaule et lui montre une péninsule au loin:

— C'est là que se trouve mon gouverneur avec la totalité des hommes!

— Là! s'exclame Louis, déconcerté.

— Oui… Avec un navire de douze pièces de canon… Ils gardent les côtes, car nous attendons un vaisseau de Londres.

Douze pièces de canon, répète Louis en son for intérieur… Il est surpris… Il n'aurait jamais cru qu'ici, dans ce pays du bout du monde, on pouvait être doté d'un si puissant navire. Ce n'est qu'en visitant le fort qu'il se rend vraiment compte de l'ampleur de la présence anglaise. Ce petit poste de traite est beaucoup plus imposant qu'il n'en a l'air. Derrière les palissades, se trouve un minuscule village avec plusieurs habitations de pin blanc. Il y en a pour les commis, le charpentier, le tonnelier, le forgeron, le maçon et le médecin.

Louis fait le tour des installations et s'arrête devant un potager. L'Anglais le rejoint et lui apprend que l'on cultive des feuilles de pissenlit, des radis, des navets et de la laitue, mais que les récoltes sont maigres.

— L'été est tellement court, ajoute-t-il. On ne peut guère faire de provisions... Sans la nourriture qui nous vient d'Angleterre, nous mourrions de faim ici... Bien sûr, il y a la chasse... Ha! Il faut voir le nombre d'oies qui passent ici au printemps et à l'automne. On ne se donne pas la peine de tirer dessus, on les attrape au filet. Ensuite, on les met en saumure et on les mange pendant l'hiver!

Et l'Anglais enchaîne sur l'hiver. Un hiver interminable... Dix mois de neige, de frimas et de glace... Le hululement du vent, la banquise et les nuits qui n'en finissent pas. Quatre heures de soleil par jour et c'est la noirceur qui s'installe à nouveau... Puis il raconte des anecdotes, comme celle de l'épaisse couche de givre qui s'était formée sur les murs, qu'on avait dû déglacer à la hache, ou celle de la pièce qu'on avait réchauffée avec un boulet brûlant.

Louis écoute d'une oreille distraite les histoires de son hôte. Dans son esprit, tout est clair. Les Anglais sont bien organisés et il n'y a aucun doute qu'ils sont là

pour rester. L'heure est grave! Le commerce des fourrures en Nouvelle-France est en péril et Louis doit
rentrer à Québec sans plus tarder! Demain... Il partira
demain!

∞

Les Anglais refusent catégoriquement que leurs
invités les quittent avant d'avoir rencontré le gouverneur. Ils insistent tellement que, de peur de les offen-
ser, Louis décide de demeurer un jour de plus et s'applique aussitôt à rédiger une lettre dans laquelle il
explique que, n'ayant plus de vivres et ne trouvant
aucun animal à tuer, il a cru que les gens d'ici lui offri-
raient un peu de galette et de boisson pour faciliter son
retour.

Dès le petit matin, deux indigènes vont remettre
la missive au gouverneur Charles Bayly. Pendant ce
temps, Louis et ses hommes fixent le large, se passent
la lunette d'approche et font des paris. Certains prédi-
sent que le gouverneur viendra les saluer en personne
tandis que les autres sont persuadés qu'il ne bougera
pas de son navire. On chahute, on blague, on rigole
quand soudain Guillaume Bissot aperçoit quelque
chose:

— Monsieur Jolliet! Voyez, dit-il en lui tendant la
lunette, on croirait une barque d'environ quinze tonneaux.

Louis observe l'horizon un bon moment puis fait
signe à son frère de le rejoindre:

— Le vent est tombé, lui murmure-t-il à l'oreille,
et la barque est immobilisée... Regarde par toi-même.

Zacharie prend la lunette et la porte à son œil :

— Oui… fait-il en scrutant le large… Le gouverneur semble bel et bien coincé en mer…

Louis soupire… Il est contrarié… Que faire ? Rester ici et attendre que le vent se lève ? Non… C'est hors de question ! Il veut rentrer à Québec au plus vite… Et pourtant… A-t-il le choix ? Ce serait un affront terrible de s'en aller alors que le gouverneur est justement en train de venir à lui. Ah ! Maudit soit l'instant où il a accepté de reporter son départ !

Tandis que Louis se tourmente, Zacharie garde l'œil collé à la lunette et tout d'un coup il lance :

— Ils mettent une chaloupe à l'eau !

Louis s'approche de son frère en se frottant les mains. Il se réjouit de cette nouvelle. Il se sent déjà plus léger, comme si on l'avait libéré d'un lourd fardeau…

— Il y a cinq… non… six… six hommes qui montent à bord, continue Zacharie… Ils rament vers nous… à vive allure.

Louis ignore pourquoi le gouverneur le rejoint avec une telle hâte ; il en éprouve néanmoins une grande reconnaissance. Il observe la chaloupe qui file sur l'eau et il a envie d'aller à sa rencontre… Il en a assez d'être là et de tourner en rond. Il s'éloigne du groupe sans un mot et d'un pas alerte se dirige vers le canot. « Monsieur Jolliet ! » entend-il crier alors qu'il prend place dans l'embarcation. Il se retourne : Guillaume Bissot et Pierre Le Grand avancent vers lui :

— Que faites-vous ?

— Je vais au-devant de l'Anglais, répond-il.

— Nous vous accompagnons !

— Inutile, dit Louis en donnant le premier coup de pagaie, je préfère être seul.

Tout en ramant, Louis se demande ce que le gouverneur peut bien lui vouloir pour mettre tant d'ardeur à l'aviron... À quoi rime cet empressement? Il veut sûrement lui transmettre un message d'une importance capitale... Hum... Peut-être pas... Peut-être que... Louis se méfie... Pourvu qu'il ne devienne pas victime des tensions entre Français et Anglais.

Par prudence, il ne s'éloigne pas trop du fort. Il souhaite que ses hommes puissent observer la scène au cas où les choses tourneraient mal et, jugeant qu'il est assez près de l'autre embarcation, il décide d'accoster. Le gouverneur voudrait en faire autant, mais une batture de sable l'en empêche. Il continue donc un peu, passe devant Louis en soulevant son chapeau et lance: «Monsieur, je suis à vous!», puis il trouve un endroit pour aborder.

En voyant Charles Bayly débarquer avec un homme armé, Louis se tient sur ses gardes. Il jette un œil en direction du fort où les siens sont sûrement à s'échanger la lunette et à surveiller les moindres gestes de cette rencontre. Il est heureux d'être venu seul. Il préfère que ce soit lui l'otage plutôt que ceux qui lui ont fait confiance et qui l'ont suivi aveuglément dans cette aventure.

Le gouverneur commence à marcher vers Louis. L'homme au fusil ne bouge pas. Il est aux aguets et se tient bien droit, près de la chaloupe où sont assis les quatre rameurs. Charles Bayly, lui, avance de plus en plus vite. Il est visiblement ravi de la présence de Louis et lui serre la main avec émotion.

— Monsieur, soyez le bienvenu ! Vous pouvez demeurer au fort tant qu'il vous plaira et quand vous voudrez repartir, soyez assuré que je ferai de mon mieux pour vous aider.

Puis, sur le ton de la confidence, il ajoute :

— J'entends parler de vous depuis longtemps, vous savez… C'est un honneur pour moi de m'entretenir avec vous et de vous écouter me raconter cette grande découverte que vous avez faite du côté du Mexique, sur la rivière que les Sauvages appellent Mississippi… Les Anglais, dit-il en le regardant droit dans les yeux, font grand cas des découvreurs.

Louis est stupéfait. Il ignorait qu'on parlait de lui et de son périple jusqu'en Angleterre. Cette nouvelle le flatte. Sa découverte ne brille donc pas seulement dans son cœur ! Non, elle éblouit le monde entier. Il est fier de lui… Il voudrait remercier le gouverneur de cet accueil, mais quelque chose l'en empêche. Il y a à peine une minute, il le soupçonnait de vouloir le garder en otage et voilà qu'il est traité en héros. Quel revirement… Et si c'était un piège ? Si son hôte tentait de l'amadouer pour mieux l'amener dans ses filets… Louis ne sait plus trop quelle attitude adopter… Charles Bayly, comme s'il lisait dans ses pensées, le prend par la main :

— Allons, puisque vous n'avez pas l'intention de nous nuire, vous n'avez rien à craindre. Il ne vous sera fait aucun tort.

Sur ces mots, il fait signe à ses hommes de continuer sans lui et, en compagnie de Louis, il longe la rive jusqu'au fort.

Le gouverneur ne cesse de questionner Louis sur ce qu'il sait de Londres et de Paris. Voilà un an qu'il est isolé ici, prisonnier de la banquise. Le vaisseau qu'il attend d'Angleterre est le seul lien qui le rattache au monde extérieur. Et d'ailleurs, il s'inquiète... Il craint que sa cargaison ait été bloquée par les glaces du détroit d'Hudson. Si elle n'arrive pas, l'hiver sera rude et il redoute que le glas sonne pour plusieurs de ses hommes.

— Si vous saviez, Monsieur Jolliet, les malheurs que nous causent ces glaces! Au printemps encore, j'ai perdu une barque de quarante tonneaux... Croyez-le ou non, des glaces descendant des terres l'ont écrasée et l'ont réduite en bouillie! Ce pays, je vous le dis, finira par avoir notre peau!

Heureux d'avoir trouvé une oreille attentive, Charles Bayly s'épanche. Il confie à Louis ses espoirs, ses craintes et les problèmes qu'il doit affronter. Il se plaint, par exemple, de manquer de bâtiments pour la traite:

— Il ne nous reste plus qu'une barque de quarante tonneaux, une autre de quinze et trois petits bâtiments... Il nous en faudrait davantage pour couvrir toutes les rivières de la baie, car c'est là que les Sauvages apportent le castor! Bien sûr, poursuit-il comme pour lui-même, nous avons trois forts assez éloignés les uns des autres... Mais ce n'est guère suffisant! Le printemps prochain, nous en construirons un quatrième plus à l'ouest.

— Et jusqu'où comptez-vous aller vers l'ouest?

— Nous descendrons à l'embouchure des rivières qui se jettent dans le lac Supérieur... Cette région, vous n'êtes pas sans le savoir, regorge de castors.

Bien qu'il garde un air placide devant le gouverneur, Louis est alarmé. La situation est bien pire que ce qu'il avait cru au départ. Les Anglais sont en train de mettre sur pied un véritable empire! Si la France ne réagit pas au plus vite, en moins de dix ans, ils contrôleront la totalité du marché des pelleteries. Déjà, les Timiskamings et la bande de Routin ne traitent plus avec les gens de Montréal; ils préfèrent venir à la baie d'Hudson. Et d'après ce que lui dit Charles Bayly, beaucoup d'autres nations ont commencé à les imiter.

Il serait pourtant simple de chasser les Anglais d'ici, songe Louis en se frottant le menton. Ils bâtissent leurs forts pour se protéger du froid et non d'un éventuel assaut. Ils ne semblent même pas s'imaginer qu'on puisse les attaquer par terre et ne s'arment que du côté de la mer. Il faut absolument les combattre, les empêcher de s'établir plus loin.

— Alors, monsieur Jolliet! fait le gouverneur après un bref moment de silence. Que pensez-vous de ces projets?

Louis reste pantois. Quelle étrange question à poser à un Français! Il commence à bafouiller une réponse, mais Charles Bayly l'interrompt et continue, l'air enflammé:

— Et je n'ai pas l'intention de m'arrêter là! J'ai des idées plein la tête, vous savez… Bientôt cet établissement sera considérable… Je… j'en ferai… un…

Soudain il se ravise, fixe le sol un instant, se racle la gorge et adopte un ton plus posé:

— Écoutez, monsieur Jolliet… La France n'est pas digne de vous… Elle ne vous traite pas à votre juste valeur… Un homme de votre trempe devrait se voir confier des missions beaucoup plus nobles… Je m'étonne que vous n'ayez pas une concession sur les rives du Mississippi. Et je trouve encore plus aberrant qu'on ne vous ait offert aucune seigneurie en échange de vos services ! Jamais les Anglais ne feraient si peu de cas d'un de leurs explorateurs ! Aussi, poursuit-il après s'être éclairci la voix, j'aimerais que vous deveniez mon associé. Surtout ne dites rien, s'empresse-t-il d'ajouter en allongeant le bras vers Louis et en levant légèrement la main, laissez-moi terminer… Il s'agit d'aller s'établir aux Assiniboines. J'aurais besoin de vous pour pousser les découvertes de ce côté. Bien sûr, je vous paierais… mieux que vous ne l'avez jamais été… Je m'engage à vous verser d'abord dix mille francs puis vous aurez mille livres de pension par an… De quoi en rendre plusieurs verts de jalousie !

Louis se passe la main sur le front. Il est époustouflé. Mille livres par an ! La somme est faramineuse. Il ferme les paupières et prend une grande inspiration. Explorer de nouvelles régions, s'enfoncer toujours plus profondément dans l'inconnu, élargir le territoire, noircir la carte… N'est-ce pas là sa vocation ? Oui, mais… Il expire, ouvre les yeux et regarde le gouverneur :

— La richesse, monsieur, se pèse dans le cœur et non au bout des doigts. Aucun salaire ne me fera renier ma patrie… Voyez-vous, j'aime la terre qui m'a vu naître… Je l'aime parce qu'elle porte en elle le souvenir de ceux que j'ai chéris. Elle est ma mémoire… Jamais je ne me résoudrai à la détruire en travaillant à la ruine de mon peuple… Dieu m'a fait sujet du roi de France et je me ferai gloire de le servir avec fidélité toute ma vie.

10

Le seigneur d'Anticosti

J osias Boisseau referme, un à un, les doigts sur la lettre qu'il vient de lire. Il froisse la feuille, la réduit en petite boule et la serre très fort dans le creux de sa main. Ses mâchoires se crispent malgré lui. La chaleur monte. Il se sent rougir et il a l'impression que la colère lui sort par tous les pores de la peau. Il s'éponge le front avec la manche de sa chemise.

— Je jure que je ferai n'importe quoi pour me débarrasser de ce Jolliet, fulmine-t-il entre ses dents.

Boisseau est fou de rage. C'est la deuxième fois qu'il essuie un refus. On vient de rejeter sa requête du 28 mars 1680 et le sieur Jolliet conserve l'île d'Anticosti. Il ne fait plus de doute que l'intendant Duchesneau est

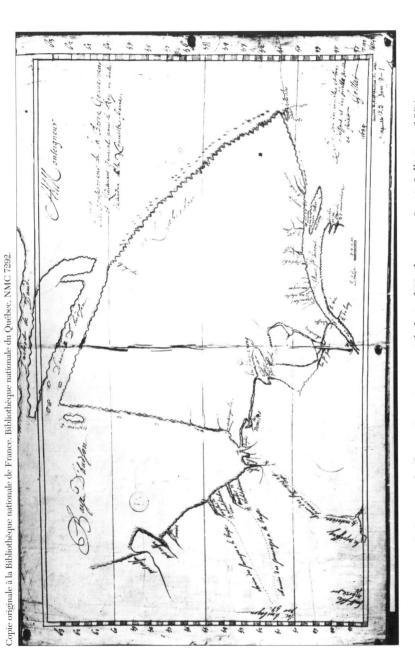

Copie originale à la Bibliothèque nationale de France. Bibliothèque nationale du Québec, NMC 7292.

Carte de la route du fleuve Saint-Laurent à la baie d'Hudson, par Louis Jolliet, en 1684.

de mèche avec cette satanée famille. Mais les choses n'en resteront pas là ! Jamais il ne pardonnera à Charles Aubert de La Chesnaye d'avoir levé le voile sur sa façon d'administrer la Compagnie de la Ferme. Certes, il s'était servi dans le coffre… Et alors ? Un peu d'argent en plus ou un peu d'argent en moins… Ne lui avait-il pas proposé d'en faire autant ? S'il avait coopéré au lieu de…

— Ah ! fait-il en frappant du poing dans sa main gauche, la vengeance sera terrible !

Il doit d'abord s'occuper du neveu d'Aubert de La Chesnaye, ce fameux Jolliet. Depuis que Louis XIV lui a offert la seigneurie d'Anticosti, il représente une véritable menace pour ses affaires. Il faut absolument que le roi revienne sur sa décision et qu'il lui enlève cette maudite île. La manœuvre ne sera pas aisée, mais Boisseau a plus d'un tour dans son sac. Il suffit d'entacher la réputation du grand explorateur tout en paralysant ses opérations. Il a bien réfléchi. Il sait comment s'y prendre. Des accusations ont déjà été portées et il saura convaincre l'intendant de leur véracité, quitte à en venir au chantage.

Commerce illégal dans le Domaine du Roi, négoce avec les Sauvages dans le but de nuire à la traite de Tadoussac et vente de pelleteries aux Anglais. Jolliet pourrait-il paraître plus fourbe ? Boisseau ricane en pensant aux deux mille livres de dédommagement qu'il exige. Et que personne ne lui dise que la somme est trop élevée ! Il veille aux intérêts de la compagnie, voilà tout. N'est-ce pas pour cette raison qu'on l'a envoyé en Nouvelle-France ? Il est l'agent général de la Ferme et il n'en revient qu'à lui de fixer l'amende !

Deux mille livres ! Il va sans dire que cette somme gonflera sa bourse et c'est sans compter que la confiscation de la barque de Jolliet et la saisie des marchandises vont favoriser ses affaires. Boisseau n'a rien laissé au hasard. D'ici peu, son principal rival commercial devra cesser ses activités, et lui s'enrichira. Il imagine son coffre plein à craquer et son visage s'illumine, ses yeux prennent l'éclat de l'or. Bientôt… bientôt il sera l'homme le plus fortuné de la colonie.

Il jubile en pensant à la déconfiture de Jolliet. « Si seulement l'intendant approuvait ma requête », pense-t-il en serrant le poing sur la lettre chiffonnée. Mais il ne baissera pas les bras. Il se rendra au château Saint-Louis aujourd'hui même et demandera l'appui du gouverneur. Frontenac ne sera que trop heureux de nuire à un ami des Jésuites. Il connaît des gens haut placés à la cour et n'a qu'à leur écrire en dépeignant le sieur Jolliet sous un jour tellement noir qu'on lui enlèvera Anticosti sur-le-champ. Et si Paris est sceptique, eh bien soit ! Boisseau jouera sa dernière carte et assénera le coup fatal !

⚭

On frappe à la porte et, avant que Louis ait pu ouvrir, Jacques de Lalande, le beau-père de Claire-Françoise, entre précipitamment :

— J'ai vu de la lumière à l'intérieur, commence-t-il haletant, et j'ai cru que…

Il s'adosse au mur, porte la main à sa poitrine et essaie de reprendre son souffle. Sa respiration est bruyante et saccadée. Il a l'œil hagard, l'air complètement ébranlé. Sans dire un mot, il se dirige vers la table. Contrairement à son habitude, il ne s'est pas déchaussé et chacun de ses pas laisse une empreinte de boue sur le plancher. Claire-Françoise va vers lui, elle le débarrasse de son fanal et lui tend une chaise.

— Je suis venu le plus vite possible…, articule-t-il en s'asseyant. Je voulais être le premier à vous l'annoncer… Il s'agit de Boisseau…

— Ah non ! s'exclame Louis. Je ne veux plus entendre parler de ce scélérat… Il m'a dépouillé de cinq cents livres en prétextant que j'avais fait du commerce illégal sur le territoire de la Ferme. Et comme si ce n'était pas assez, il a réussi à faire confisquer ma barque et ma marchandise !

— Hum… ce n'est pas tout, coupe Lalande. Il a fait pire…

— Oui, je sais. On m'a averti, poursuit Louis enflammé. Il a prié le gouverneur d'écrire une lettre pour salir ma réputation à Paris. Il espère que le roi me retirera Anticosti… Cet homme est odieux ! S'il était là, devant moi, je lui tordrais le cou… crac, fait-il en mimant le geste.

Puis il se tait, comme s'il réalisait brusquement ce que signifierait la perte de la seigneurie d'Anticosti. Son île, sa maison, ses pêcheries… Au moment même où ses projets se concrétisent, son rêve… Son rêve s'engloutit.

— Êtes-vous venu m'annoncer qu'on m'enlève Anticosti ? demande Louis, inquiet.

— Non, réplique Lalande en baissant les yeux, mais Boisseau a su que nous avons fait du commerce malgré la confiscation de la barque…

— Et alors ? s'étonne Louis. Nous sommes partis sur une vieille chaloupe et n'avons en aucun cas empiété sur le territoire de la Ferme.

— Il a appris qu'en septembre 1680 nous sommes arrivés à Québec chargés de pelleteries. Il est furieux. Il crie sur tous les toits que nous faisons des affaires à ses dépens et que nous voulons ruiner la traite de Tadoussac... Il a juré de se venger.

— Pff... Il ne faut pas se laisser intimider. Nous sommes dans notre droit... Et puis, ajoute Louis sur un ton plus léger, à quel chef d'accusation peut-il avoir recours ? Ne les a-t-il pas tous utilisés pour venir à bout de notre famille ?

— Non... Il... il en reste un, bégaie Lalande en fixant ses pieds. Cette fois, il... il est question de... de...

Sa phrase reste en suspens, mais Louis demeure accroché à ses lèvres comme pour l'inciter à continuer. Claire-Françoise aussi tend l'oreille. Elle a cessé d'attiser le feu et se tient accroupie devant l'âtre sans bouger. Elle appréhende ce que son beau-père va dire. Elle a conscience d'être dans cette période de calme qui précède la tempête et elle voudrait que cet instant s'éternise, la protège à jamais. Immobile, la peur au ventre, elle attend... Les secondes s'écoulent lentement.

Soudain, Jacques de Lalande rassemble son courage, lève la tête et regarde Louis droit dans les yeux :

— Il... il nous accuse de meurtre.

Claire-Françoise échappe le tisonnier. Louis reste interdit, il a l'impression que la terre s'ouvre sous ses pieds et qu'il perd l'équilibre, aspiré par ce gouffre

béant. Meurtre, prison, peine de mort, pendaison…
Des images défilent dans sa tête, l'étourdissent. Il se
laisse choir sur une chaise.

— Meurtre, répète Louis, incrédule. Comment
est-ce possible ? Mais qui… qui donc est accusé ? Moi ?
risque-t-il en se désignant de l'index.

— Oui. Vous, Aubert de La Chesnaye et moi-
même… Les trois ennemis jurés de Boisseau…

— Et qui, demande Louis en reprenant peu à
peu ses esprits, qui avons-nous tué ?

— Il s'agirait d'un domestique de Boisseau…
J'ignore comment il s'appelait… Selon lui, nous avons
proféré de terribles menaces avant de passer à l'acte.
Boisseau raconte à tout un chacun qu'il suffisait de
prononcer le nom d'Aubert de La Chesnaye, de
Lalande ou de Jolliet pour que le pauvre homme se
mette à trembler comme une feuille.

— Incroyable… Quelle histoire insensée ! Ce
Boisseau a l'imagination fertile… Mais ne vous faites
pas de mauvais sang… Personne n'avalera ces bêtises.

— Il y en a pourtant un qui s'est laissé convaincre… On m'a dit que le gouverneur a écrit à Paris pour
corroborer la version de Boisseau. Il ne nous accuserait
pas seulement d'assassinat, mais aussi d'abus, de pil-
lage, de corruption, de diffamation, de menaces, et j'en
passe… Je ne me souviens plus de tout… La liste est
tellement longue !

— Nous ne les laisserons pas faire, proteste Louis.
Ces deux oiseaux de malheur piqueront du bec, je vous
le garantis… J'aviserai l'intendant Duchesneau et il
rédigera une lettre pour démentir les propos tenus
contre nous… Je n'ai pas dit mon dernier mot, je vais…

Et tandis que Louis s'insurge contre cette odieuse calomnie, le regard bleu de Claire-Françoise le transperce. Il perçoit son désarroi, son incompréhension, et son cœur se serre. L'angoisse lui étreint la gorge et il élève la voix pour ne rien laisser paraître. Il crie au complot, réclame justice, affirme qu'ils remporteront la victoire, mais au fond de lui il ne sait pas... Frontenac est puissant, Boisseau tenace... Si le roi se met de leur côté, alors... peut-être que... Non... Il ne doit pas douter... La vérité éclatera au grand jour, il en est sûr.

☙

«Papa! Papa!» crie Charles en courant vers la maison: «Un bateau... un bateau accoste!» Louis et son épouse se jettent un coup d'œil inquiet. Serait-ce encore une attaque des Esquimaux? Claire-Françoise demande immédiatement à Charles d'aller chercher ses frères et sœurs qui sont en train de jouer dehors pendant que Louis empoigne son fusil et sort.

D'un pas rapide, il marche vers le fleuve et ne tarde pas à apercevoir deux silhouettes en train de tirer une barque sur la grève. Il avance un peu, observe les alentours, tourne la tête à gauche, à droite... Non, il ne semble y avoir personne d'autre. Il est soulagé qu'il ne s'agisse pas d'une attaque, mais reste néanmoins intrigué par ces visiteurs et s'approche de la berge.

Ce sont des hommes... Il ne distingue pas encore leur visage, mais l'un d'eux porte une soutane. Il est grand et maigre... Louis examine ce corps squelettique, cette longue robe noire qui claque au vent... Si le père Marquette avait encore été de ce monde, il aurait juré que c'était lui… Il ralentit le pas, s'arrête. Il a l'étrange impression de voir un revenant.

Soudain, l'ecclésiastique l'aperçoit et, en guise de bonjour, fait de grands signes avec les bras. Louis plisse les yeux et porte la main en visière pour contrer l'effet du soleil. Il regarde attentivement cet homme qui vient vers lui… sa démarche, sa façon de se tenir et de gesticuler lui sont familières… Il le connaît… c'est… Pierre Francheville, son vieil ami du séminaire !

— Pierre ! crie Louis de toutes ses forces. C'est toi ?

— Quoi ? Tu ne reconnais donc plus ton vieux camarade !

Ils se rejoignent, se donnent l'accolade et se considèrent un moment en silence. Pierre est plus rachitique qu'avant, ses cheveux commencent à grisonner, quelques rides sillonnent son visage et pourtant il n'a pas changé.

— Bienvenue à Anticosti ! s'exclame Louis, visiblement ému par ces retrouvailles. Je ne m'attendais pas à ta visite, ajoute-il en posant un œil gêné sur son arme.

— Il paraît que tu passes ton temps ici à t'occuper de tes pêcheries et que tu reviens à Québec seulement pour l'hiver… Comme je ne suis pas très loin, je me suis dit que je pourrais rendre visite à mon vieil ami.

— Quelle bonne idée ! On ne s'est pas vus depuis cinq ou six ans !

— Quatre, rectifie Pierre. La dernière fois, souviens-toi, tu étais dans tous tes états. Tu avais des démêlés avec l'agent général de la Ferme… Comment s'appelait-il, déjà ?

— Boisseau ! Josias Boisseau… Jamais je n'oublierai ce nom… Cet escroc s'est démené comme un
diable pour qu'on me retire Anticosti. Il croyait qu'avec
l'appui de M. de Frontenac il serait invincible. Il a mis
sur pied de crapuleux complots… Il a bien failli m'envoyer à la potence !

Louis se tait et se remémore ce sombre épisode
de sa vie. Pierre reste muet et, les bras croisés sur la
poitrine, semble méditer sur ce qu'il vient d'entendre.

— Est-ce que tu as su, poursuit Louis, qu'en
juillet 1681, Boisseau a été démis de ces fonctions ?

— Oui, j'ai appris qu'il est retourné en France un
an après la série d'accusations portée contre toi et ta
famille… J'ai même eu des échos d'une petite bagarre
entre lui et le fils de l'intendant Duchesneau.

— Petite bagarre ! Sache que ce Boisseau ne fait
rien de petit… Un jour qu'il se promenait avec un soldat
affecté à la garde du gouverneur, il rencontre le fils de
Duchesneau et le nargue en insultant son père. Le jeune
homme, qui avait environ quinze ans, est piqué dans son
orgueil. Il réplique violemment, le menace et le traite de
tous les noms. Il n'en faut pas plus pour que Boisseau
entre dans une colère noire et, en prenant le soldat à
témoin, aille illico avertir M. de Frontenac. J'ignore en
quels termes il lui a rapporté l'événement, mais le gouverneur s'est estimé lésé et a exigé réparation. Poussé de
force par son père, voilà le jeune Duchesneau qui se
rend au château Saint-Louis. Alors que tous s'attendent
à des excuses, le gamin provoque Boisseau et l'injurie de
plus belle. Bientôt des cris fusent de part et d'autre et
M. de Frontenac perd son sang-froid. Il se rue littéralement sur le jeune homme, le frappe avec sa canne et lui

tire les cheveux. Boisseau, qui ne tarde pas à se joindre à la mêlée, le roue de coups et lui déchire ses vêtements. Le petit Duchesneau réussit à s'esquiver et s'enfuit à toutes jambes… En voyant son fils rentrer à la maison, les habits en lambeaux, l'intendant a barricadé sa porte de peur que les hommes du gouverneur ne viennent l'enlever et il a armé ses gens au cas où…

Pierre hoche la tête, l'air navré comme s'il éprouvait de la pitié. De la pitié pour un être aussi ignoble! Louis avait souvent pensé à Boisseau avec rage, désespoir, haine, vengeance, mais jamais… non, jamais avec pitié.

— Cet homme est malheureux, explique Pierre. Il croit que la colère le soulagera, mais c'est elle qui causera sa perte.

— Oui, tu as vu juste… Une fois, il est devenu fou et s'en est pris à un certain René Favre. Il lui a sauté dessus avec l'agressivité d'un lion. Il l'a frappé à coups de poing, à coups de pied, puis il l'a empoigné à la gorge en menaçant de l'étrangler. L'intendant a informé Paris de ce nouvel écart de conduite et le roi a jugé Boisseau beaucoup trop violent pour défendre les intérêts de la Compagnie de la Ferme. Il a ordonné sa révocation.

— Il en va de même pour M. de Frontenac, enchaîne Pierre. Si ce n'avait été de ses querelles continuelles avec le clergé, le conseil et l'intendant, le roi ne l'aurait jamais rappelé et il serait encore en poste aujourd'hui! Le pauvre, soupire-t-il, que Dieu le protège de ses démons!

Louis fixe le sol en songeant aux paroles de son ami… Il n'avait vu en Boisseau et Frontenac que deux êtres foncièrement méchants, mesquins et impétueux.

Peut-être Pierre a-t-il raison et qu'au fond d'eux-mêmes ils souffrent terriblement?

— Quoi qu'il en soit, dit Louis en posant la main sur l'épaule du jésuite, la colonie respire mieux depuis qu'ils sont partis! Mais... suis-moi. Je vais te faire visiter mes installations... Nous avons construit des fortifications autour de la maison et des bâtiments pour nous protéger des attaques esquimaudes...

Les deux hommes marchent côte à côte en discutant de choses et d'autres comme au bon vieux temps. Pierre parle de sa vie à la rivière Ouelle, de son église, de ses paroissiens, tandis que Louis lui raconte ses projets:

— Je termine bientôt mon étude du Saint-Laurent. J'y travaille depuis des années et j'ai hâte qu'elle soit enfin sur papier... Jean-Baptiste Franquelin doit la cartographier... Il a un talent fabuleux pour le dessin. Est-ce que tu as vu la carte du Mississippi qu'il a tracée pour le ministre Colbert?

— Non, mais j'ai eu la chance de voir ses plans de Québec. Je crois qu'ils sont tout récents.

— Oui, il les a achevés l'automne dernier, en 1683. J'y ai jeté un œil et...

Soudain Pierre l'interrompt. Il observe un gamin courir vers eux et s'exclame:

— Est-ce bien ton fils? Il y a si longtemps que je ne l'avais vu...

— C'est Louis, l'aîné. Il a déjà huit ans... Mais attends de voir Charles et François. Tu ne les reconnaîtras pas... Ils poussent à une vitesse folle. Il faudrait aussi que je te présente Marie-Geneviève, Anne et Jean-Baptiste, notre petit dernier...

— La famille ne cesse de grandir, s'étonne Pierre.

— Et on ne s'arrêtera pas là, dit Louis en rigolant, notre septième est en route !

Robert de Villeneuve copié par L. P. Vallerand, ANQ-Québec, C-962-Québec-1690.

Détail du *Plan de Québec en la Nouvelle-France
assiégé par les Anglois, le 16 octobre 1690*.

11

La mer de glace

Les établissements des îles Mingan sont enfin reconstruits. Les bras croisés sur la poitrine et la pipe entre les dents, Louis admire le travail une dernière fois. «Qui devinerait que les Anglais sont passés par ici et ont tout incendié?» se dit-il en expulsant la fumée par le coin de sa bouche. Il espère qu'à présent les affaires reprendront leur cours normal. Il n'aurait jamais pensé devoir solliciter l'aide financière du roi pour entreprendre ce voyage au Labrador. Une situation bascule parfois si brusquement. Si ce n'avait été de cette maudite guerre…

Il retire la pipe de ses lèvres et détourne le regard comme pour chasser ses idées noires. Cette guerre lui laisse un goût de fiel. Il ne se pardonne pas d'être parti en 1690 explorer la côte nord au moment même où les relations avec les Anglais se détérioraient. Les indices étaient pourtant clairs : le massacre de Lachine en 1689, le carnage de Schenectady l'année suivante, puis le départ du gouverneur Denonville, le retour empressé de Frontenac, les propos belliqueux vociférés à droite et à gauche. Oui… La guerre avait bel et bien semé son engeance. Ce n'était plus qu'une question de temps. Mais comment… Comment diantre a-t-il pu être aveugle à ce point ?

A-t-il songé un seul instant à l'éventualité d'une attaque, à sa femme et à ses enfants ? Non, il est forcé d'avouer qu'il a pris le large sans réfléchir. En embarquant sur le navire, des rêves flottant au-dessus de sa tête, il avait des idées de grandeur plein les yeux et l'irrépressible envie d'être déjà au loin, au milieu d'un pays inconnu… Il a quitté les siens l'âme légère, sans se douter qu'il risquait de ne plus jamais les revoir.

Il a du mal à imaginer Claire-Françoise prisonnière des Anglais. Elle lui a pourtant raconté comment la chaloupe s'était fait piéger sur le fleuve en route vers les pêcheries d'Anticosti, la frayeur qu'elle avait eue quand un immense vaisseau avait émergé de la brume et avait soulevé les vagues. La barque qui ballottait, les trois rameurs qui s'étaient jetés par-dessus bord, les coups de feu qui avaient retenti et soudain un autre vaisseau qui était sorti de la brume, puis un deuxième et un troisième. Ils apparaissaient un à un, enveloppés de brouillard, et chaque fois le cauchemar se rapprochait, toujours plus vrai, plus menaçant. Il y en avait onze, douze, treize. Non. Il y en avait plus. Quatorze.

Quinze. Beaucoup plus. Elle ne savait plus. Elle avait eu tellement peur.

Elle ignorait combien de temps elle avait été séquestrée sur le *Six Friends*. Elle se sentait comme un fantôme, à la fois présente et absente au monde qui l'entourait. Son passé s'évaporait tandis que sa vie s'ancrait dans la saleté et la puanteur du navire. Elle dormait sur le pont toutes les nuits, malgré la pluie et le vent. Elle était incapable de descendre dans la cale. L'endroit l'indisposait. Il était dépourvu d'aération et les odeurs de moisi, d'excréments, de sueur et de vomissures la prenaient à la gorge. Les bruits aussi la rendaient folle. Ceux des rats qui couinaient et grattaient le sol, mais également ceux des matelots malades qui gémissaient et priaient dans leur langue. Elle s'en tenait le plus possible à l'écart, car après en avoir vu quelques-uns couverts de pustules, elle les soupçonnait d'avoir la petite vérole.

Lorsque Louis était rentré à Québec, à la fin d'octobre 1690, le peuple était encore en liesse. Chacun se plaisait à narrer les exploits des uns et des autres dans les moindres détails. C'était l'euphorie. Ainsi, les fils aînés de Louis se gaussaient du major Thomas Savage. Ils étaient présents quand l'Anglais avait débarqué de la chaloupe avec une lettre pour Frontenac et ils s'étaient amusés à effrayer le pauvre émissaire. Un coup d'épaule par-ci, un coup de coude par-là, et Savage avait eu l'impression qu'une immense foule se trouvait sur son passage et que la ville comptait bien plus d'hommes qu'il n'en fallait pour se défendre. L'Anglais avait les yeux bandés, mais son rictus trahissait sa crainte et, en sortant du château Saint-Louis, il était plus livide que jamais. Frontenac avait su l'épouvanter en lui rejetant la lettre de Phipps à la figure et en tonnant : «Non, je n'ai point de réponse à faire à votre général, que par la bouche de mes canons et à coups de fusil ; qu'il apprenne que ce n'est pas de la sorte qu'on envoie sommer un homme comme moi.»

Pierre de Francheville, lui, était fier d'avoir repoussé l'ennemi à la rivière Ouelle en s'armant et en prenant la tête d'un groupe de paroissiens. Mgr de Saint-Vallier aussi se félicitait d'avoir fait hisser le tableau de la Sainte Famille au clocher de la cathédrale. Il était persuadé que son initiative avait sauvé la colonie. D'autres se vantaient d'avoir chargé les vaisseaux anglais, les frappant de plein fouet et laissant d'énormes trous qui les avaient obligés à se replier.

Et alors que tous se glorifiaient d'avoir participé à la victoire, Claire-Françoise restait muette. Elle était pourtant en plein cœur de la bataille, mais le souvenir était si noir... La fumée, le sang, les cris, la chair déchiquetée, les détonations, les secousses, l'odeur de brûlé, les corps sur le pont, la nausée, le désir que le navire sombre, la peur de sombrer aussi... L'effroi de se trouver là, au seuil du trépas, de voir sa ville bombardée, de penser que ses enfants pouvaient être blessés, tués... Le besoin de hurler très fort, de se sentir exister encore un peu.

Louis se mord l'intérieur de la joue, réprime sa rage. Son épouse n'aurait jamais dû se rendre à Anticosti pour s'occuper des pêcheries. Non. C'est lui qui aurait dû y aller. Dire que si Marie de Lalande, la mère de sa femme, n'avait pas été là pour négocier l'échange des prisonniers, Claire-Françoise serait maintenant à

Boston ! Mais pourquoi diantre a-t-il fallu qu'il parte au moment où les Anglais venaient les attaquer ?

— Ah, te voilà ! s'exclame Claire-Françoise en s'approchant. La plupart des hommes sont à bord et ils se demandent où tu te caches.

— Je viens... Les cadets sont-ils prêts ?

— Oui, ils sont déjà à bord... Promets-moi de veiller sur eux, ajoute-t-elle en prenant les mains de son mari entre les siennes. Louis, Charles et François sont si jeunes [1]. On ne sait pas ce qu'il peut arriver dans ces contrées lointaines...

— Ne t'inquiète donc pas, ma douce. Ils sont bien assez vieux pour partir à l'aventure.

Louis a l'impression qu'aujourd'hui, le 9 juin 1694, il s'embarque pour son ultime voyage vers l'inconnu. Une boule de nostalgie s'est fichée dans sa gorge et elle gonfle à mesure qu'il avance vers le navire. Il aura bientôt cinquante ans et ses membres se raidissent, ses articulations se rouillent. Il a moins de souffle, moins d'énergie qu'avant. Il repense à cette merveilleuse expédition qu'il a menée sur le Mississippi. Aurait-il assez de forces pour la refaire maintenant ?

Il est heureux que ses fils l'accompagnent. Il va pouvoir leur transmettre son savoir, leur faire découvrir le monde, leur donner peut-être même l'envie d'aller toujours au delà de la ligne d'horizon. Il a tellement de choses à leur dire. Il se sent comme un vieux sage qui voudrait léguer son histoire avant de mourir. Il soupire. Il aurait aimé que son père vive assez longtemps pour lui laisser un souvenir.

---

1. Louis avait dix-huit ans, Charles, seize ans et François, quinze ans.

— J'espère que les Esquimaux ne sont pas trop belliqueux, là où tu vas, dit Claire-Françoise avec un trémolo dans la voix.

— Cesse de te faire du souci, répond Louis en l'enlaçant.

— Chaque fois que tu pars, j'ai peur de ne plus jamais te revoir…

Elle est belle, Claire-Françoise… Ses quelques cheveux blancs, ses deux ou trois ridules au coin des yeux ne la flétrissent pas. Les marques du temps semblent au contraire l'enraciner dans la vie. Elle est forte et vulnérable, elle a l'œil vif, pétillant, le sourire tendre et joyeux… sa Claire-Françoise qui se nourrit à même la sève de la terre

— Reviens vite, crie-t-elle alors que Louis monte à bord du *Saint-François*.

꩜

Louis part avec la certitude qu'il existe un passage reliant l'Atlantique à la baie James. Frontenac fonde beaucoup d'espoirs sur ce couloir secret, comme il se plaît tant à l'appeler : « Il nous permettrait de nous infiltrer dans la région et de commercer avec les Sauvages sans empiéter sur le territoire des Anglais. » Il est vrai que la découverte de ce passage serait un gain considérable pour la France, mais Louis n'en fait pas l'unique but de son expédition. Il lui importe surtout de tisser des liens durables avec les Esquimaux. Il veut faire des affaires avec eux, acheter de l'huile de baleine et de loup marin. Comment pourrait-il payer la location du navire autrement ?

Les Sauvages rencontrés à l'île Mecatina sont sûrs que des Esquimaux ont hiverné dans les parages, car ils ont vu trois maisons de bois couvertes de terre. «Ils sont les seuls à construire de telles habitations», lui a affirmé Missinabano. Encouragé par ces révélations, Louis poursuit sa route. Il est heureux de se savoir sur la bonne piste. Voilà près d'un mois qu'il navigue sans avoir croisé âme qui vive. Le doute commençait à le tenailler, mais maintenant il reprend confiance.

Il progresse vers le nord, pénètre chaque jour davantage dans le royaume du froid. Il jette l'ancre à l'île Saint-Jacques, aux îles Belles-Amours et passe par le détroit de Belle-Isle. Au fur et à mesure qu'il avance, le paysage change, devient de plus en plus rude. Il n'y a que des forêts de bouleaux et d'épinettes, puis des côtes abruptes, des montagnes escarpées. Devant lui, rien d'autre qu'une terre de roche et de lichen, qu'une eau encombrée de glaces. Un monde dur et hostile, mais combien doux et apaisant quand il se couvre de son manteau blanc, pense Louis en regardant autour de lui…

— Venez voir, crie-t-il à ses fils, venez!

Tous quatre se tiennent à l'avant du navire et Louis éprouve une certaine fierté: «Aujourd'hui, en ce 10 juillet 1694, clame-t-il, préparez-vous à entrer dans les eaux du Labrador!» et, tandis que le *Saint-François* double le cap du Détour, ses fils restent muets. Ils fixent le point d'où émergera enfin cette contrée lointaine, ce pays auquel ils ont tant rêvé. La ligne d'horizon se rapproche et soudain une île apparaît. Bientôt, il y en a deux, trois, quatre et plus encore. Elles sont regroupées dans une anse. Louis voudrait poursuivre sa route, mais un vent terrible se lève et le ciel s'assombrit. Il sent venir la tourmente et juge plus prudent de mouiller dans les premiers îlots.

∽

Pan ! Louis se réveille en sursaut. A-t-il bien entendu un coup de canon ? Il ne sait pas trop… Enfin… Oui. C'était le son d'une décharge, mais comment est-ce possible ? Qui ferait la guerre ici, au bout du monde ? Et pourquoi donc ? Il se précipite sur le pont, colle l'œil à sa lunette et scrute les lointains. Alerté par le bruit, l'équipage ne tarde pas à le rejoindre et ils sont à présent dix-huit à épier le large… Ils aiguisent leur vue… Observent à gauche, à droite… Non… Rien à signaler… La détonation était pourtant claire… À moins que… Pan !

Il n'y a plus de doute. C'est sûrement un appel de détresse. Peut-être un navire perdu ou échoué sur un banc de sable ? Il faut y aller. Louis demande à deux hommes de préparer un canot et s'embarque avec eux. Il rame avec vigueur vers l'endroit d'où provenaient les détonations. Il rame, rame, mais ne voit rien. Il rame encore, toujours rien… soudain… Pan ! Un énorme bloc de glace se brise à ses côtés et tombe dans un fracas épouvantable, pareil à celui d'une décharge de canon. Et il y a d'autres glaces qui flottent sur l'eau comme mille et un châteaux qui scintillent.

Avant de retourner au navire, Louis désire explorer les environs. Sait-on jamais : peut-être des Esquimaux se cachent-ils dans les parages ? Il accoste près d'une pointe, tire l'embarcation sur la grève et fait quelques pas. Il est resté longtemps accroupi et ses jambes sont endolories. Comment faisait-il jadis pour passer des journées entières en canot? Il glisse la main sur sa nuque. Il se sent vieux et fatigué. Les années s'accumulent sur son dos et il courbe l'échine malgré lui.

Ici, le silence est presque parfait; pas de chants d'oiseaux ni de vent qui souffle dans les feuilles. Seulement ses pieds qui foulent le sol et les vagues qui lèchent le rivage. Il marche jusqu'à une petite anse et aperçoit une maison d'Esquimaux. Il n'en croit pas ses yeux! La fébrilité l'emporte. Il presse le pas... Avec un peu de chance, il rencontrera quelqu'un.

C'est une cabane de bois recouverte de terre, comme Missinabano le lui avait expliqué. Elle est assez grande pour loger une famille d'au moins vingt personnes. Après avoir annoncé sa présence en criant, Louis entre. L'endroit est désert. La lumière perce par deux ouvertures qui servent de cheminées et éclaire le sol jonché de graisse de loups marins, d'ossements et de têtes d'animaux qu'il reconnaît aisément: renards, lièvres, martres, ours, caribous, goélands, corbeaux... Les habitants sont partis depuis peu, car certaines de ces bêtes ont été tuées récemment. Il y a une porte qui mène à une autre pièce, elle est tellement petite que Louis doit s'agenouiller pour la franchir. Il inspecte les lieux de fond en comble et ressort, n'ayant trouvé rien de plus que des carcasses et des copeaux de bois.

Une fois à l'extérieur, un de ses canotiers lui fait signe de venir et lui montre quelques objets: des clous, un morceau d'étoffe, de la toile, un filet... Bref, autant d'indices qui persuadent Louis que les Esquimaux sont en contact avec les Européens. Il repart donc vers le *Saint-François* ravi de sa découverte, déçu de n'avoir rencontré personne et surtout intrigué par les traces d'un trafic avec les Blancs.

∽

Pourquoi les Esquimaux ne répondent-ils pas ? Où se terrent-ils donc ? En arrivant dans cette baie, Louis espérait les voir enfin. Il a tiré un coup de canon pour les appeler, il a allumé des feux, fait monter la fumée vers le ciel, mais en vain… Le père récollet est d'avis qu'il vaudrait mieux cesser les recherches et se concentrer sur le raccourci qui mène à la baie d'Hudson :

— C'est sûrement Dieu qui nous protège, explique-t-il, n'oubliez pas que la plupart de ceux qui se sont aventurés par ici ont été assassinés par ce peuple de barbares.

Louis croise les bras et plonge le regard dans cette mer de glace qui l'entoure. Il a au fond de lui la certitude que les Sauvages ne sont pas loin et il est hors de question qu'il abandonne.

Au fil des jours, Louis donne forme à ce pays. À l'aide de l'astrolabe, il mesure la latitude puis il noircit la carte, délimite les contours, nomme les endroits où il s'arrête : pointe du Caribou, baie Saint-Louis… Ah ! qu'il lui tarde de poursuivre sa route… Si ce n'était de cette brume, il serait déjà en train de foncer vers le nord, de naviguer sur ce parchemin encore vierge. Jamais l'impression de posséder le monde n'a été aussi intense que lorsqu'il s'est retrouvé face à l'inconnu. Avancer au cœur d'une masse blanche, pénétrer le

vide, être là où personne avant n'a été... Découvrir...
ce mot évoque quelque chose de beau et d'immense.
C'est cette immensité qui l'envahit quand il vogue
ainsi, une sensation de grandeur comme si le monde
lui ouvrait ses portes, comme s'il était le premier
homme à vraiment voir la vie. Il respire profondément,
s'imbibe de ce moment, le sent couler dans ses veines.
Vivre un mélange d'infini et de liberté, voilà ce dont il
veut se souvenir le jour où il repensera à ses périples.

Le brouillard s'est dissipé, le vent s'est levé et Louis
en a profité pour mettre les voiles. Il sort de la baie et se
dirige vers le septentrion. Il garde les yeux rivés sur la
côte au cas où il verrait des traces de présence humaine.
Il s'inquiète... Il comptait sur le commerce avec les
Esquimaux pour payer les frais du voyage. Comment se
fait-il qu'il n'ait croisé personne ? Il est las soudain, exté-
nué. Des cailloux, des roches et de la glace... d'intermi-
nables étendues désolées... Le vide de ce pays le gagne,
l'oppresse. Il essaie de se ressaisir, de ne pas se décourager... mais la rive reste déserte.

— Monsieur Jolliet, lance un matelot, une
barque ! Une barque à l'horizon.

Louis accourt aussitôt. Pourvu que ce soient des
Sauvages ! Il prend sa lunette et scrute le large avec
insistance.

— Oui, annonce-t-il à l'équipage qui s'est massé
autour de lui dans l'attente d'un verdict, ce sont deux
Esquimaux. Je crois qu'ils viennent vers nous avec des
peaux à échanger.

La plupart des matelots ne se réjouissent guère de cette nouvelle et vont chercher leur fusil au cas où les choses tourneraient mal. Ils ont entendu tellement d'histoires sordides sur ces hommes des neiges. Partout, on raconte qu'ils tuent les Blancs et se régalent en mangeant leur chair crue.

— Que personne ne tire ni même ne les mette en joue, ordonne Louis alors que les Esquimaux se rapprochent.

Les nouveaux venus sont chacun dans un canot de loup marin et restent à bonne distance du *Saint-François*. Ils font de grands gestes avec les bras pour inciter les Français à les rejoindre et ils crient :

— Ahé ! Ahé ! Thou tcharacou !

Les marins se méfient :

— Pourquoi n'abordent-ils pas, eux ?

Ils ont un geste de recul, mais Louis s'empare de quelques couteaux, choisit trois hommes au hasard et les prie de l'accompagner :

— Eh bien allons-y, c'est l'heure de la traite !

Les nouveaux venus ne bougent pas, ils sont sur leurs gardes et observent le canot venir vers eux. Ils sont vêtus d'un manteau de loup marin et, à mesure qu'il avance, Louis remarque qu'ils ont la peau blanche et la figure potelée. Le plus vieux des deux porte une barbe noire, il est le premier à parler. Il se frappe le thorax des deux mains et articule lentement : «Capitena ioanis», puis il désigne son camarade : «Kamicterineac». Louis aussi prononce bien chaque syllabe de son nom : «Louis Jolliet».

Une fois les présentations terminées, les indigènes invitent les Français à les suivre dans un havre. Les canotiers protestent vigoureusement :

— N'y allons pas, monsieur Jolliet... C'est un piège... Qui sait si nous pourrons ressortir de là.

Hum... Louis réfléchit... Ses hommes ont peut-être raison... Il regarde les Esquimaux du coin de l'œil... Ils ont pourtant l'air sincère. Il serait étonnant qu'ils les attaquent... S'il ne tente pas sa chance maintenant, aura-t-il encore l'occasion de faire du commerce ? Et si le passage de la baie d'Hudson se trouvait là, dans ce havre ? Louis pèse le pour, le contre, et conclut que le jeu en vaut la chandelle. Il ira avec les Esquimaux et baptisera cet endroit Saint-François en l'honneur du navire et de son propriétaire, François Pachot.

Après avoir été immobilisé deux jours à la baie Saint-Michel, Louis fait maintenant route vers le nord. Il passe devant le cap Rouge et sa drôle d'île en forme de citrouille, poursuit jusqu'à un groupe d'îlots qu'il nomme Saint-Thomas, s'aventure dans un chenal et aperçoit une grande rivière. Il suppose que c'est celle dont les Sauvages lui ont parlé, celle où se cachent les Esquimaux et il décide d'y entrer. Il est prêt à aller n'importe où pour les rencontrer. La dernière fois, le commerce n'a pas été très fructueux et il espère faire mieux.

Louis observe ses fils en douce. Ils ont l'air d'apprécier le voyage et plus particulièrement les intrusions dans les baies inconnues et dans les rivières secrètes. Charles est peut-être le seul qui, sous sa mine enjouée, aurait préféré rester à la maison. Il est plutôt casanier comme sa mère, tandis que les deux autres tiennent de leur père et ont cette irrésistible envie de bouger. Ils voudraient ne jamais s'arrêter, toujours être en mouvement, en route vers l'ailleurs. François est vif et curieux, mais c'est surtout l'aîné qui ressemble à Louis. Il a étudié au grand séminaire et a quitté l'habit ecclésiastique le mois précédent pour prendre la mer. Cette situation éveille en Louis tellement de souvenirs! Il sourit. Il aime penser que le jour où il ne sera plus de ce monde, la vie sera comme avant et que ses enfants, puis ses petits-enfants auront les mêmes hésitations qu'il a eues jadis.

«Ahé! Ahé!» Louis sursaute. Il entend des cris, tourne la tête de droite à gauche, de gauche à droite. Il ne voit personne, pourtant… «Ahé! Ahé!» François repère les Esquimaux:

— Ils sont là, annonce-t-il, sur l'île pleine de goélands!

Les plus hardis s'approchent du navire. Ils sont six, chacun dans un de ces drôles de canots qui n'ont qu'un trou au milieu[1]. Ils montrent à Louis des peaux de loup marin et lui font signe de les suivre dans une baie; ils semblent vouloir l'emmener à leur village pour faire la traite. Sans perdre de temps, Louis s'exécute.

C'est aujourd'hui le 25 juillet et Louis songe à repartir. Il est amarré ici, devant les cabanes des Sauvages, depuis trois jours. Hier, il a échangé une

---

1. Il s'agit de kayaks.

chemise, un mouchoir de toile peinte et un livre espagnol contenant quelques passages des *Actes des Apôtres* contre un peu d'huile de baleine et deux peaux de loup marin. Comment réussira-t-il à payer la location du navire à ce rythme-là ? Il est déçu. Le commerce n'est pas à la hauteur de ses attentes.

La relation qu'il a tissée avec les Esquimaux le console. Il commence à parler leur langue et peut les interroger sur la géographie de la région. Il essaie de recueillir des informations sur ce fameux passage vers la baie James, mais nul ne semble en connaître l'existence. Louis ne se laisse pas abattre, il ira plus au nord... Il fera voile demain, car il tient absolument à se rendre au village ce matin. Le père récollet y est allé hier et, à force de raconter son expédition, il a piqué sa curiosité.

Louis préfère être seul dans le canot, mais huit hommes armés le suivent au cas où les choses tourneraient mal. Dès le premier coup de pagaie, il anticipe son arrivée. Il craint que les Esquimaux ne soient insultés d'une visite aussi impromptue et il rame vite, comme pour se libérer de ce doute. En levant les yeux, il aperçoit Quignac, le chef, qui le rejoint sourire aux lèvres et lui montre où accoster.

Rassuré par une telle marque d'attention, Louis débarque. Une petite foule s'agglutine autour de lui et l'observe, intriguée. Le chef ne tarde pas à le prendre par la main pour le conduire chez lui. En chemin, les gens l'arrêtent, le considèrent un moment, l'embrassent et lui disent des compliments dans leur langue. Louis est émerveillé par tant de joie et de chaleur. Il ne comprend pas tout, mais il sait qu'il aime ce peuple.

Quignac s'arrête devant une tente couverte de peaux de loup marin et invite Louis à entrer. Là, il lui présente sa femme et, tandis qu'elle lui prend la main pour l'embrasser à la manière d'un gentilhomme français, Louis examine son visage. Des rides le sillonnent dans tous les sens, elles se croisent, forment des dessins. Elles lui font penser à des rivières qui creusent la terre. Lui aussi est vieux et l'idée que le temps soit à ce point inscrit sur son propre visage lui paraît étrange. Les années se sont succédé sans qu'il s'en rende vraiment compte. Il sait bien qu'il en train de mener à bien sa dernière mission et il est heureux d'être ici, avec ces gens.

Il est assis sur une peau d'ours et regarde autour de lui. L'endroit lui semble propre, les lits sont légèrement surélevés et des peaux de caribou sont disposées à leurs pieds. Puis, la fille du chef s'approche et lui saisit la main pour y déposer un baiser. Elle a les cheveux noirs, tressés et enroulés sur le dessus de la tête. Elle est vêtue d'un capot de loup marin dont le capuchon est assez large pour porter un enfant, ses bottes montent jusqu'à la ceinture et sa taille est entourée d'une peau de loutre qui passe entre ses jambes. Elle tient dans ses bras un bébé bien gras et Louis est étonné de voir qu'il a le teint si blanc. Puis le mari vient se présenter à son tour. Il est bien habillé, porte un capot de loup marin et une culotte de peau de chien. Déduisant que c'est la coutume parmi eux, Louis se lève et les embrasse tous les trois.

Sitôt qu'il met le nez dehors, on vient le chercher et on le tire par la main pour l'emmener aux autres habitations. Denis-Joseph de La Ferté est descendu de sa barque et il est là aussi à se faire entraîner d'une tente à l'autre. Jusqu'à maintenant, ils n'ont vu que trois grandes marmites de cuivre, ce qui leur laisse croire que le commerce avec les Européens est rare. Ils ont par contre été fascinés par les seaux de cuir de vache marine dans lesquels l'eau est gardée. Denis-Joseph, à qui on a toujours dit que les Esquimaux buvaient de l'eau salée, a voulu y goûter par curiosité et y a plongé sa main. On lui a immédiatement tendu une tasse de bois et il a découvert que l'eau était encore plus douce que celle des Grands Lacs.

∽

Après avoir été immobilisé deux jours par le mauvais temps, Louis a quitté la baie et il fait à présent voile vers le nord. Il s'enfonce toujours plus avant dans ce pays de roc nu, plus profondément entre les glaces. Souvent, son regard se perd au large et il lui semble alors voir les Esquimaux danser, et sa tête se remplit de leurs chants. Il entend leurs voix sublimes, mélodieuses, et il se surprend à fredonner des airs. Sans trop savoir pourquoi, il a l'impression d'être des leurs. Peut-être que ce sont ces contrées rudes et désertiques, ce besoin de retraite, d'isolement ? Ou simplement leur rire, leur chaleur et le bonheur qui émane de leur sourire ?

Louis gribouille quelques paysages dans son journal de bord, il note aussi les dangers de la navigation et la position des îles et des rivières qu'il rencontre. Il est forcé d'admettre que l'expédition tire à sa fin. C'est le début du mois d'août et déjà le vent est plus frais. S'il ne quitte pas les lieux avant septembre, le *Saint-François* restera pris dans les glaces. Il rebroussera chemin avec regret, car cette terre éveille quelque chose en lui. Elle lui parle et le fait vibrer comme s'il s'agissait d'un recoin oublié de sa mémoire. Il voudrait tant continuer à avancer, ne plus jamais revenir sur ses pas, pouvoir se rendre au bout du monde.

Beaucoup d'obstacles l'empêchent d'aller plus vite. Il y a trop de vent ou pas assez, puis c'est la marée basse, la pluie ou le brouillard, les rochers, les glaces, les écueils et les tempêtes qui s'interposent. Mais ce matin, le *Saint-François* a le vent dans les voiles et il file droit vers une baie. Louis croit que ce sera la dernière qu'il explorera avant son retour et il la baptise Pachot en espérant que ce pays se souviendra longtemps du passage de son navire.

« Ahé! Ahé!» Louis n'en croit pas ses oreilles. Il est à peine entré dans la baie que les Esquimaux se manifestent. Quatorze canots se dirigent vers son bateau, apparemment pour faire la traite. Il est fou de joie. Quelle chance inouïe! L'équipage aussi semble content. Les marins font signe aux Sauvages de les rejoindre sur le pont et ceux-ci montent à bord sans hésitation. Leur chef se nomme Alienak et il se présente à Louis avec quelques couteaux espagnols, un bonnet de matelot et une paire de bas comme pour lui montrer qu'il a déjà fait commerce avec les Européens. Il consent néanmoins à échanger de l'huile de baleine contre deux ou trois babioles.

La brume et le vent du large ont empêché Louis de poursuivre sa route. Aujourd'hui, le 11 août, le temps est enfin favorable et il s'apprête à partir. Les matelots sont en train de lever l'ancre quand des Esquimaux viennent à eux et font des gestes pour leur faire comprendre de la remettre à l'eau. Puis ils s'adressent à Louis et lui demandent de rester jusqu'au lendemain, car une tribu voisine désire commercer avec lui. Sachant que l'attente n'en vaudra pas la peine, Louis hoche la tête et dit à ses hommes de continuer les manœuvres.

En les voyant hisser les voiles, les indigènes s'agitent. Ils crient et soudain pointent leurs flèches vers le navire. L'équipage reste figé tandis que Charles empoigne subrepticement son fusil. Louis s'en aperçoit et pose la main sur son bras pour l'en empêcher.

— Laisse tomber, lui murmure-t-il, nous repoussons notre départ.

Puis il ordonne de jeter l'ancre et les Esquimaux rentrent chez eux, satisfaits.

Le lendemain, dès les premières lueurs du jour, un groupe apparaît à l'horizon. Il est nombreux, Louis compte vingt-deux canots et trois barques remplies d'enfants, de femmes et d'hommes de tous âges. Ils ont l'air heureux de rencontrer les Français. Après avoir troqué leurs maigres marchandises, ils entonnent une mélodie et Louis ferme les paupières pour mieux apprécier la musique. Il se laisse bercer, emporter par ce chant. Il est loin, très loin d'ici. Il pense à Claire-Françoise, à ses grands yeux bleus, aux mèches rebelles qui s'évadent de son chignon et il se dit que désormais il sera toujours là pour elle. Elle n'aura plus à s'inquiéter de son absence.

Le père récollet est tombé sous le charme des Esquimaux et il tient absolument à aller dans leur barque leur offrir quelques présents. Louis n'a pas sitôt donné son accord que le voilà qui s'exécute. Les femmes lui réservent un accueil des plus chaleureux, chacune essaie de l'accaparer et le père se fait embrasser de tous côtés. Ce débordement d'affection le met très mal à l'aise et il ne cesse de crier « Tcharacou ! Tcharacou[1] ! » en espérant calmer les ardeurs, mais ce mot provoque l'effet contraire et les femmes se jettent littéralement sur lui, font mine de vouloir le manger. L'équipage du *Saint-François* observe la scène en se tordant de rire. Le père, lui, rougit à vue d'œil, et c'est de peine et de misère qu'il réussit à sortir de la barque pour regagner le vaisseau.

Puis le chef Amaillouk monte à bord pour discuter et faire un peu de traite. Il est accompagné d'un jeune homme qui semble lorgner la boussole de Louis et se rapproche de lui toujours très discrètement. Il ne parle pas, ne bouge presque pas et soudain, d'un geste adroit et rapide, il dérobe l'objet. Louis a vu le manège et veut l'arrêter, mais le jeune homme prend ses jambes à son cou, regagne son canot et remet l'acquisition à sa femme. Un marin se lance à sa poursuite, le rattrape, cherche la boussole. Louis lui crie :

— Sa femme l'a cachée dans sa botte !

Juste au moment où il se penche pour la récupérer, l'Esquimaude la reprend et s'apprête à l'enfouir dans sa culotte quand le matelot lui saisit le poignet. Il rapporte finalement l'objet sur le *Saint-François* et Louis est soulagé de savoir qu'il pourra repartir.

---

1. Ce qui veut dire « Paix partout ».

Il aurait voulu mettre à la voile l'après-midi même, mais le brouillard l'en empêche et il est contraint de rester une nuit de plus. Si les affaires étaient plus fructueuses et le bateau en meilleur état, il pousserait l'expédition plus au nord. Les Esquimaux lui ont parlé d'autres tribus plus éloignées qu'il aimerait visiter. Hélas ! Comment espérer aller plus loin avec ces câbles usés et ces petites ancres qui auraient peine à tenir une chaloupe en place ?

En ce matin du 15 août, le soleil est radieux et la brise parfaite pour prendre le large. Louis a la gorge serrée. Il n'est pourtant pas malheureux de retourner chez lui. Non, des projets l'attendent à Québec. Il enseignera l'hydrographie au séminaire, s'occupera de ses pêcheries et, surtout, il restera auprès de sa famille. Non, il n'est pas malheureux, mais qui aurait cru que le temps passerait si vite ? Lors de sa première expédition avec Adrien, l'avenir était aussi vaste qu'un océan, rempli de mystères et d'espoir. Puis, il s'était rétréci petit à petit et aujourd'hui Louis en est à son dernier voyage.

Son estomac se noue à l'idée qu'il ne reviendra plus ici, qu'il n'ira nulle part ailleurs. Il ferme les yeux très fort comme pour chasser sa tristesse. Il a du mal à se mettre dans la peau du vieillard qu'il est devenu. Son cœur est si jeune, il veut parcourir l'infini, aller encore plus loin, découvrir de nouveaux mondes. L'enfant qui lisait les récits d'Étienne Brûlé en rêvant d'aventures est là. Il l'entend murmurer, raconter des histoires, décrire les pays fabuleux qu'il visitera et il a envie de lui prendre la main, de partir avec lui.

Louis navigue maintenant vers le sud et il se sent tout drôle. Des émotions se bousculent... Il ne sait trop... C'est peut-être la nostalgie, l'angoisse, la joie, la mer qui se déploie devant lui, l'immensité, le désarroi, le chagrin, le vent qui claque dans les voiles, la liberté, le bonheur, la peur, la vie qui s'en va, un passé qui se noie, des rêves qui s'envolent, des gens oubliés, une époque qui se meurt, une autre qui naît... C'est peut-être un mélange. La valse de la vie tourbillonne en lui, l'étourdit... Est-ce possible de tout éprouver en même temps, en un seul instant? Il pense, ne pense pas, respire et expire.

Il rentre chez lui, mais il a la désagréable impression de quitter son monde. Il regarde le large, fixe la ligne où le ciel se marie à la mer. Il est bien ici, au milieu des eaux. L'air est doux et caresse son visage. Il est heureux de naviguer vers Claire-Françoise, mais une question lui revient sans cesse à l'esprit. Combien de temps une âme nomade peut-elle s'arrêter avant de partir pour son ultime voyage?

Bibliothèque nationale du Québec. NMC 44 352.

Carte generalle de la France septentrionalle contenant la découverte du pays des Ilinois faite par le sieur Jolliet, dessinée par Jean-Baptiste Franquelin. Dans le coin inférieur droit, détail d'une partie des Grands Lacs.

Chronologie
Louis Jolliet
(1645-1700)

Établie par Michèle Vanasse

Louis Jolliet **et la Nouvelle-France**	**Le monde**
1636 Charles Huault de Montmagny est nommé gouverneur de la colonie, qui compte 400 habitants.	**1636** Massachusetts : le puritain John Harvard fonde la première université américaine à Cambridge.
1641 Arrivée de Paul Chomedey de Maisonneuve et de Jeanne Mance au Canada.	**1641** Angleterre : début de la révolution ; les députés de la Chambre des communes prennent la décision de contrôler la prérogative royale de Charles Ier et formulent la « Grande Remontrance ».
1642 Fondation de Ville-Marie (Montréal) par Paul Chomedey de Maisonneuve, à la tête d'une quarantaine de personnes.	**1642** France : à Paris, le prêtre Jean-Jacques Olier fonde la Compagnie des prêtres de Saint-Sulpice, qui organise l'acheminement de colons vers le Canada.

LOUIS JOLLIET ET LA NOUVELLE-FRANCE	LE MONDE
	Angleterre : début de la guerre civile.
1643 Première attaque iroquoise contre Ville-Marie.	**1643** France : Louis XIV devient roi à cinq ans ; Mazarin est premier ministre. Début d'une période d'instabilité politique.
1645 Naissance de Louis Jolliet, fils de Jean Jolliet et de Marie d'Abancourt ; il est baptisé à Québec le 21 septembre. Formation de la Compagnie des Habitants, qui obtient le monopole de la traite des fourrures. Traité de paix à Trois-Rivières entre Iroquois, Hurons, Algonquins et Français.	**1645** Angleterre : les armées d'Oliver Cromwell écrasent les armées de Charles Ier, qui fuit en Écosse ; il sera livré au Parlement anglais l'année suivante.
1647 Début des incursions iroquoises contre la Huronie.	**1647** France : début de la Fronde, soulèvement du peuple et du Parlement contre le cardinal Mazarin, à qui la régente Anne d'Autriche avait confié le pouvoir.
1650 La Huronie détruite par les Iroquois, l'œuvre des missionnaires est anéantie dans cette région. La plupart des jésuites retournent en France.	**1650** France : la guerre civile se rallume avec la Fronde des princes qui tentent de soulever les provinces.
1651 Mort de Jean Jolliet et remariage de la mère de Louis avec Gefroy Guillot.	**1651** Angleterre : Londres vote l'Acte de navigation, mesure protectionniste

**LOUIS JOLLIET
ET LA NOUVELLE-FRANCE**

Violentes attaques iroquoises à Ville-Marie.

1653
Maisonneuve revient de France avec la grande recrue, c'est-à-dire une centaine de militaires, d'engagés, d'épouses et de jeunes filles venus tenter la grande aventure. Il est accompagné de Marguerite Bourgeoys, première enseignante du Canada.

1654
Départ de Médard Chouart Des Groseilliers pour les Grands Lacs afin de rétablir le commerce des fourrures interrompu par la destruction de la Huronie. L'expédition se rend jusqu'au lac Michigan.

L'Acadie passe aux mains des Anglais.

1655
Les pères jésuites Claude Dablon et Pierre Chaumonot explorent le lac Ontario.

1656
Louis entre au collège des jésuites de Québec.

1657
Arrivée à Montréal des sulpiciens, qui prennent la relève des jésuites et assurent le service de la paroisse.

LE MONDE

qui lui assure la suprématie sur les mers.

1653
France : retour à Paris de la famille royale, exilée à la suite de la Fronde.

Angleterre : Cromwell est nommé lord-protecteur et se voit confier des pouvoirs dictatoriaux.

1654
France : sacre de Louis XIV.

La paix de Westminster met fin à la guerre anglo-hollandaise commencée en 1652 ; l'Acte de navigation est maintenu.

1655
Les Anglais s'emparent de la Jamaïque.

1657
France : mort à Paris de Jean-Jacques Olier, l'un des fondateurs de la Société de Notre-Dame de Montréal.

LOUIS JOLLIET ET LA NOUVELLE-FRANCE

LE MONDE

Publication des *Provinciales* de Blaise Pascal, qui défend la cause des jansénistes en conflit avec les jésuites et le pape sur des questions théologiques.

1658

Adrien, frère de Louis, est fait prisonnier par les Iroquois.

Arrivée de Pierre de Voyer d'Argenson, le nouveau gouverneur de la colonie.

Marguerite Bourgeoys ouvre la première école élémentaire à Ville-Marie et fonde la Congrégation de Notre-Dame.

1658

Angleterre : mort d'Oliver Cromwell. Son fils Richard lui succède, mais il se révélera incapable d'arbitrer les conflits entre les chefs militaires et le Parlement.

Suède : la Banque de Stockholm émet les premiers billets de banque du monde occidental.

1659

Arrivée de François-Xavier de Montmorency Laval, vicaire apostolique de la Nouvelle-France.

Des Groseilliers et son beau-frère, Pierre-Esprit Radisson, partent pour les Pays d'en haut. Premiers Blancs à s'aventurer jusqu'au lac Supérieur, ils établissent un poste de traite sur la baie de Chequamegon (État actuel du Wisconsin). L'hiver venu, ils pénètrent dans les terres et séjournent chez les Mascoutens.

Épidémie de petite vérole dans la colonie.

1659

Le traité des Pyrénées met fin à la guerre franco-espagnole et prévoit le mariage de l'infante Marie-Thérèse et de Louis XIV. Elle doit renoncer au trône d'Espagne.

France : Molière fait jouer *Les Précieuses ridicules*, peinture satirique des salons aristocratiques.

1660

Radisson et Des Groseilliers se rendent dans la haute vallée du

1660

Angleterre : le Parlement restaure la monarchie et Charles II devient roi.

LOUIS JOLLIET
ET LA NOUVELLE-FRANCE

LE MONDE

Mississippi, atteignent le Minnesota et séjournent chez les Sioux.

Mort de Dollard des Ormeaux et de ses 16 compagnons au Long-Sault sur la rivière des Outaouais.

1661

Naissance à Montréal de Pierre Le Moyne d'Iberville.

Arrivée du nouveau gouverneur, Pierre Du Bois d'Avaugour, avec 100 soldats chargés de lutter contre les Iroquois qui sèment la terreur dans la colonie.

1661

France : mort du cardinal Mazarin et début du long règne personnel de Louis XIV. Jean-Baptiste Colbert est nommé intendant des Finances.

Italie : Marcello Malpighi confirme la théorie de William Harvey, qui a élucidé le mécanisme de la circulation sanguine en 1628. Il est le premier médecin à utiliser le microscope pour étudier les tissus humains.

1662

Louis entre au séminaire de Québec et reçoit la tonsure.

1662

France : Molière publie sa comédie *L'école des femmes*.

1663

La Nouvelle-France devient province royale et passe ainsi directement sous le contrôle de la couronne. Le roi adjoint un intendant au nouveau gouverneur Augustin de Mézy et institue un Conseil souverain, organisme politique mais surtout judiciaire.

Arrivée des premières filles du Roi, honnêtes filles, pauvres et orphelines pour la plupart, qui viennent chercher mari.

1663

France : le ministre Colbert applique le mercantilisme, une politique économique appelée le « colbertisme ». Le rôle des colonies est de fournir les matières premières qui manquent à la métropole. Celle-ci revend les produits manufacturés à ses colonies. Ce système protectionniste permet le développement de la marine française et exige une surveillance étroite de l'administration des colonies.

LOUIS JOLLIET ET LA NOUVELLE-FRANCE

LE MONDE

Mgr de Laval fonde le séminaire de Québec pour former des prêtres canadiens.

Les sulpiciens sont les nouveaux seigneurs de Montréal.

1664
Louis est le premier organiste de la cathédrale de Québec.

1664
France : Colbert crée la Compagnie des Indes occidentales, afin de stimuler le commerce triangulaire entre la France, les Antilles et la Nouvelle-France.

1665
Mort de Gefroy Guillot et remariage de la mère de Louis avec Martin Prévost.

Daniel de Rémy de Courcelle est nommé gouverneur ; Jean Talon est nommé intendant, fonction administrative la plus importante dans la pratique courante du gouvernement.

Arrivée du régiment de Carignan-Salières. Ses 1200 soldats doivent éliminer la menace iroquoise.

1665
France : secrétaire à la Marine, le ministre Colbert encourage l'expansion coloniale. Il met sur pied une flotte puissante pour protéger le commerce sur mer et concurrencer l'Angleterre et la Hollande. Nommé contrôleur général des Finances, Colbert réglemente toute la vie économique, subventionne, contrôle et oriente la production. Dans la colonie, l'intendant verra à appliquer cette politique.

1666
Louis soutient, en latin, sa thèse de philosophie en compagnie de Pierre Francheville.

Pacification de l'Iroquoisie, qui durera dix-sept ans.

Premier recensement dans la colonie : 3418 habitants.

1666
France : le ministre Colbert fonde l'Académie royale des sciences.

Angleterre : Londres est ravagée aux trois quarts par un incendie.

LOUIS JOLLIET ET LA NOUVELLE-FRANCE

LE MONDE

1667

Louis quitte le séminaire et se rend en France apprendre l'art de cartographier et de naviguer.

Jean Talon inaugure le commerce triangulaire entre le Canada, les Antilles et la France. Il établit un chantier de construction navale et favorise l'élevage.

L'Acadie redevient française.

1667

France : guerre de Dévolution : à la mort du roi d'Espagne, Louis XIV revendique une portion des Pays-Bas espagnols qu'il occupe en grande partie.

Angleterre : à l'instigation de Radisson et de Des Groseilliers, le prince Rupert et quelques négociants de la Cité de Londres fondent la Compagnie des aventuriers de la baie d'Hudson.

Le traité de Breda confirme la possession de la Nouvelle-Amsterdam par l'Angleterre et elle est rebaptisée New York.

1668

Retour de Louis à Québec ; il achète une grande quantité de marchandises de traite.

Fondation par les jésuites de la mission du Sault-Sainte-Marie entre le lac Supérieur et le lac Huron.

1668

Le traité d'Aix-la-Chapelle met fin à la guerre de Dévolution, et la France doit se contenter d'une partie de la Flandre.

Le navire anglais *Nonsuch* se rend à la baie James, où l'équipage construit le premier fort dans cette région.

1669

Adrien Jolliet et Jean Péré sont chargés de découvrir une mine de cuivre dans la région des Grands Lacs. Mort d'Adrien.

Le père Jacques Marquette fonde la mission du Saint-Esprit à l'extrémité ouest du lac Supérieur.

1669

Angleterre : le *Nonsuch* revient à Londres chargé de fourrures. Les Anglais achètent officiellement la « Terre de Rupert » aux Cris avec qui ils commercent.

LOUIS JOLLIET ET LA NOUVELLE-FRANCE

LE MONDE

1670

De retour dans la colonie, Jean Talon fait venir de France 100 brebis pour la laine nécessaire au tissage des vêtements. La colonie produit déjà du fil et de la toile.

1670

Angleterre : Charles II promulgue une charte qui concède le territoire de la baie d'Hudson et les terres limitrophes à la Hudson's Bay Company.

1671

Daumont de Saint-Lusson se rend au lac Supérieur et prend possession de l'intérieur du continent après avoir reçu l'allégeance de 14 nations amérindiennes. Louis est présent.

Le père Marquette fonde la mission de Saint-Ignace sur la rive nord du détroit de Michillimakinac.

Le père Albanel et Denys de Saint-Simon atteignent la baie d'Hudson par l'intérieur du continent.

1671

Angleterre : au service de l'Angleterre, Radisson explore la baie James, de l'estuaire de la rivière Rupert à celui de la rivière Albany.

1672

Louis de Buade de Frontenac est nommé gouverneur de la Nouvelle-France.

Envoyé par l'intendant Talon à la découverte du Mississippi et de son embouchure, Louis part le 4 octobre ; le 8 décembre, à Michillimakinac, il rencontre le père Marquette, qui se joint à l'expédition.

Retour définitif de Jean Talon en France.

1672

Début de la guerre de Hollande entre la France et la Hollande.

Nicolas Denys publie à Paris sa *Description géographique et historique des Costes de l'Amérique septentrionale : avec l'Histoire du païs et son Histoire naturelle des peuples, des animaux, des arbres et des plantes de l'Amérique septentrionale et de ses divers climats.*

LOUIS JOLLIET ET LA NOUVELLE-FRANCE

1673
Louis Jolliet et le père Marquette explorent le fleuve Mississippi jusqu'au confluent avec la rivière Arkansas. Louis revient passer l'hiver au Sault-Sainte-Marie.

Construction du fort Frontenac sur le lac Ontario.

1674
Sur le chemin du retour vers Québec, Louis fait naufrage au sault Saint-Louis. Ses trois compagnons de voyage se noient.

1675
Mort du père Marquette.

Mariage de Louis avec Claire-Françoise Bissot. Ils auront quatre fils, Louis, Charles, François, Jean-Baptiste, et trois filles, Marie-Geneviève, Anne et Claire.

1676
Louis s'associe à Jacques de Lalande, beau-père de sa femme, pour faire la traite aux Sept-Îles sur la côte nord du fleuve Saint-Laurent. Il devient un marchand important.

1678
Robert Cavelier de La Salle explore les Grands Lacs.

1679
Avec l'agrément du gouverneur Frontenac, Louis se rend jusqu'à

LE MONDE

1673
L'Espagne et l'Empire germanique entrent également en guerre contre la France.

Angleterre : devant le mécontentement populaire, Charles II doit consentir au bill du Test qui exclut les catholiques des charges publiques et militaires.

1674
France : la Compagnie des Indes occidentales étant ruinée, le roi reprend en main l'administration de la Nouvelle-France.

1676
Paris : mort du fondateur de Montréal, Paul Chomedey de Maisonneuve.

1678
Les traités de Nimègue mettent fin à la guerre de Hollande.

1679
Angleterre : adoption du bill d'*Habeas corpus*, qui protège le

LOUIS JOLLIET
ET LA NOUVELLE-FRANCE

la baie d'Hudson où il rencontre le gouverneur anglais Charles Bayly.

citoyen des arrestations arbitraires.

Il obtient de l'intendant Duchesneau, en copropriété avec Jacques de Lalande, la concession des îles de Mingan.

1680
Louis devient seigneur d'Anticosti où il veut établir, comme à Mingan, des pêcheries de morue, de loup marin et de baleine. Il y réside l'été avec sa famille.

1681
Conflit entre Louis et l'agent du Domaine du roi, Josias Boisseau ; celui-ci est démis de ses fonctions.

1681
Le quaker William Penn reçoit du roi Charles II d'Angleterre des terres en Amérique. L'année suivante, il fonde la colonie de Pennsylvanie et la ville de Philadelphie, et tente de réaliser son projet de société libérale idéale.

1682
Guerre contre les Iroquois qui menacent la traite des fourrures dans la région de l'Ouest. L'expédition au sud-est du lac Ontario se termine par un désastre ; le gouverneur de La Barre doit accepter les conditions posées par les Iroquois et signer la paix «honteuse» de l'anse de La Famine.

1682
France : la cour de Louis XIV s'installe définitivement à Versailles.

Sur ordre du roi, l'Assemblée générale extraordinaire du clergé vote la Déclaration des Quatre Articles, qui veut limiter l'autorité du pape aux choses spirituelles. Elle sera désavouée en 1693.

Fondation, par les marchands de la Nouvelle-France, de la Compagnie du Nord pour exploiter la baie d'Hudson. Revenu au service de la France, Radisson se rend

LOUIS JOLLIET
ET LA NOUVELLE-FRANCE

jusqu'au lac Winnipeg, où il conclut un accord de traite exclusive avec les Amérindiens.

Robert Cavelier de La Salle descend le Mississippi jusqu'au golfe du Mexique et prend possession de cet immense bassin au nom du roi de France.

1685
Louis effectue le levé du fleuve Saint-Laurent, cartographié par Jean-Baptiste Franquelin.

Arrivée à Québec du nouveau gouverneur Jacques-René de Brisay de Denonville et de Mgr de Saint-Vallier.

Les premiers colons français s'installent au Texas.

1686
Pierre Le Moyne d'Iberville participe à l'expédition du chevalier de Troyes à la baie James, qui a pour but de couper la voie commerciale des fourrures vers l'Angleterre via la baie d'Hudson. Prise des forts Monsoni, Rupert et Albany (Sainte-Anne).

Les premiers colons français s'installent le long des rives du Mississippi.

1687
Expédition organisée par Denonville contre les Tsonnontouans

LE MONDE

1685
France : Louis XIV révoque l'édit de Nantes qui accordait aux protestants la liberté de culte et les mêmes droits civiques que les catholiques depuis 1598. Des milliers de protestants français s'exilent et la France perd de nombreux éléments dynamiques.

Angleterre : mort de Charles II et avènement de Jacques II.

1686
Ligue d'Augsbourg : les ambitions territoriales excessives de Louis XIV provoquent la formation d'une ligue d'États catholiques (l'Empire, l'Espagne, la Savoie) et protestants (les Pays-Bas, la Suède, le Brandebourg) contre la France.

1687
Isaac Newton explique le principe de la gravitation universelle, base

pour les empêcher de briser le contrôle des Français sur le commerce des fourrures de l'Ouest. La campagne est victorieuse.

Cavelier de La Salle est assassiné au Texas alors qu'il cherche l'embouchure du Mississippi.

1688
Le baron de La Hontan se rend à Michillimakinac puis part en expédition vers le Mississippi et la rivière Longue.

1689
Second mandat de Frontenac comme gouverneur.

Première guerre intercoloniale entre la Nouvelle-France et la Nouvelle-Angleterre.

Massacre de Lachine : attaque surprise des Iroquois, alliés des Anglais, contre l'établissement.

1690
L'amiral anglais William Phipps s'empare de Port-Royal en Acadie et assiège Québec. Sommé de se rendre, Frontenac fait savoir à Phipps qu'il lui répondra par la bouche de ses canons, mais c'est l'arrivée de l'hiver qui sauve les Français.

Les troupes du général Phipps capturent la femme et la belle-mère de Louis et confisquent sa barque de marchandises.

de la mathématique et de la dynamique modernes, dans son œuvre maîtresse *Philosophiæ naturalis principia mathematica*.

1688
Seconde révolution en Angleterre : débarquement de Guillaume d'Orange, qui chasse le souverain légitime, Jacques II.

1689
Guerre de la ligue d'Augsbourg : l'Angleterre se joint à la coalition et Guillaume III déclare la guerre à Louis XIV.

Angleterre : le *Bill of Rights* fonde la monarchie constitutionnelle et consacre la suprématie du Parlement. La souveraineté du peuple se substitue au droit divin.

1690
Succès d'édition pour Jean de La Bruyère avec *Les caractères ou Les mœurs de ce siècle*, qui annonce l'intérêt des écrivains pour les problèmes de société.

Henry Kelsey, à l'emploi de la Hudson's Bay Company, se rend jusqu'à la frontière ouest du Manitoba actuel.

LOUIS JOLLIET ET LA NOUVELLE-FRANCE	LE MONDE

1692

Les Anglais saccagent et brûlent les établissements de Mingan et d'Anticosti.

Marie-Madeleine de Verchères, âgée de 14 ans, repousse avec l'aide de deux soldats une attaque contre le manoir paternel.

1694

Expédition de Louis au Labrador. Il décrit et cartographie systématiquement la côte et entre en relations avec les Esquimaux.

Pierre Le Moyne d'Iberville s'empare du principal établissement anglais de la baie d'Hudson, le fort Nelson (York), et reprend les autres forts retombés aux mains des Anglais en 1693, sauf Albany.

1695

Louis est désigné pour piloter le navire la *Charente* jusqu'en France, où il passe l'hiver.

1696

Pierre Le Moyne d'Iberville s'empare de plusieurs postes anglais à Terre-Neuve, dont Saint-Jean.

1697

Louis est nommé hydrographe du roi et reçoit un fief sur la rivière des Etchemins.

À bord du *Pélican*, Iberville reprend le fort Nelson (York) qui

---

1692

La flotte française est détruite à La Hougue, sur les côtes de Normandie, par l'Angleterre, ce qui met fin à toute tentative d'invasion de l'île anglaise.

1694

Dans le golfe du Saint-Laurent, les corsaires anglais dévastent les établissements de pêcherie et capturent les navires de la Compagnie du Nord qui transportent les fourrures.

1696

Les Anglais reprennent le fort Nelson (York).

1697

Le traité de Ryswick met fin à la guerre en Europe et rétablit l'état des choses qui existait avant le conflit dans les colonies. Terre-Neuve redevient possession anglaise (sauf Plaisance), mais la France assure aux Canadiens le monopole des plus belles fourrures.

recouvre l'Acadie et garde la baie d'Hudson moins le fort Albany.

Les Espagnols détruisent ce qui reste de la civilisation maya au Yucatán (Mexique).

1698
Mort de Frontenac à Québec. Il est remplacé par Louis-Hector de Callières, le gouverneur de Montréal.

1698
Isaac Newton calcule la vitesse du son.

1699
Pierre Le Moyne d'Iberville découvre l'embouchure du Mississippi par voie de mer et construit un premier fort en Louisiane.

1700
Mort de Louis Jolliet dans des circonstances inconnues.

1701
À Montréal, le gouverneur Louis-Hector de Callières signe un traité de paix avec les Iroquois, qui s'engagent à demeurer neutres advenant une guerre franco-anglaise.

Deuxième guerre intercoloniale : la Nouvelle-France (15 000 habitants) se bat pour sa survie contre les colonies anglaises.

Antoine de Lamothe Cadillac fonde un établissement à Detroit.

1701
Europe : début de la guerre de Succession d'Espagne. À la mort du roi d'Espagne, le duc d'Anjou, petit-fils de Louis XIV, devient roi. Le roi de France n'accepte pas la clause du testament exigeant que le nouveau roi d'Espagne renonce au trône de France. Il fait face à une coalition de l'Angleterre, des Provinces-Unies, de l'Empire allemand, du Portugal et de la Savoie.

Nouvelle-Angleterre : les colonies anglaises (300 000 habitants), étouffées par l'agrandissement des

**LOUIS JOLLIET
ET LA NOUVELLE-FRANCE**

LE MONDE

territoires français, planifient des attaques massives, pour s'assurer la possession de toute l'Amérique.

1702

Fondation de la Louisiane avec la construction du fort Mobile, premier établissement de colons français sur le littoral du golfe du Mexique.

1702

Angleterre : Anne Stuart succède à Guillaume III.

1713

Traité d'Utrecht : la Nouvelle-France commence à être démembrée. Elle est encerclée à son tour par les territoires anglais et menacée d'asphyxie. Pour pallier le danger, elle fortifiera son territoire au maximum : construction de la forteresse de Louisbourg sur l'île du Cap-Breton pour compenser la perte de l'Acadie, fortifications sur le Richelieu, dans la région des Grands Lacs jusqu'au Mississippi après entente avec les Iroquois, développement de la Louisiane et marche vers l'ouest pour ouvrir de nouveaux territoires de traite.

1713

Traité d'Utrecht : il met fin à la guerre de Succession d'Espagne en Europe. C'est une défaite cuisante pour la France en Amérique : elle cède Terre-Neuve, l'Acadie sans l'île du Cap-Breton, et la baie d'Hudson à l'Angleterre, qui obtient également que les territoires iroquois soient sous son protectorat. Le Centre-Ouest s'ouvre à la présence anglaise, ce qui accorde de grands avantages commerciaux aux colonies anglaises.

Éléments de bibliographie

DELANGLEZ, Jean, *Louis Jolliet, vie et voyages (1645-1700)*, Montréal, Granger, 1950.

DOUVILLE, Raymond, « Vie et mort d'Adrien Jolliet », *Cahiers des Dix*, n° 42, 1979, p. 25-47.

DOUVILLE, Raymond et Jacques-Donat CASANOVA, *La vie quotidienne en Nouvelle-France : le Canada, de Champlain à Montcalm*, Paris, Hachette, 1964.

FILTEAU, Gérard, *Par la bouche de mes canons ! La ville de Québec face à l'ennemi*, Sainte-Foy, Septentrion, 1990.

GAGNON, Ernest, *Louis Jolliet, découvreur du Mississipi et du pays des Illinois, premier seigneur de l'île d'Anticosti*, Montréal, Librairie Beauchemin, 1926 [1902].

———, *Fort et Château Saint-Louis*, Montréal, Librairie Beauchemin, 1918.

GRANDBOIS, Alain, *Né à Québec*, éd. critique par Estelle Côté et Jean-Cléo Godin, Montréal, Les Presses de l'Université de Montréal, coll. « La Bibliothèque du Nouveau Monde », 1994.

JACQUIN, Philippe, *Les Indiens blancs. Français et Indiens en Amérique du Nord (XVIe-XVIIIe siècles)*, Montréal, Libre Expression, 1996.

LACHANCE, André, *Vivre, aimer et mourir en Nouvelle-France. La vie quotidienne aux XVIIe et XVIIIe siècles*, Montréal, Libre Expression, 2000.

Relations inédites de la Nouvelle-France (1672-1679) pour faire suite aux anciennes relations (1615-1672), Montréal, Éditions Élysée, [1974], tome II.

VACHON André, « Jolliet, Louis », *Dictionnaire biographique du Canada*, vol. 1, Sainte-Foy, Les Presses de l'Université Laval, 1986, p. 404-410.

Table des matières

BIBLIOTHÈQUE
Collège du Sacré-Coeur
Association coopérative
155 Nord, Rue Belvedère
Sherbrooke, Qué
J1H 4A7

DANGER

LE
PHOTOCOPILLAGE
TUE LE LIVRE

Cet ouvrage
composé en New Caledonia
corps 12 sur 14
a été achevé d'imprimer
en juin deux mille deux
sur les presses de

Hull (Québec).